Theater der Jungen Welt Leipzig (Hrsg.)
Ullrich Kroemer

Das SPIEL mit den ANDEREN

Fußball zwischen Integration und Diskriminierung

VERLAG DIE WERKSTATT

Dieses Buch entstand in Zusammenarbeit mit dem Theater der Jungen Welt –
Eigenbetrieb der Stadt Leipzig.

Gefördert durch die Stiftung „Erinnerung, Verantwortung und Zukunft"

Die Gastspielreihe „JULLER" wird gefördert durch die DFB-Kulturstiftung und
die Bundesbeauftrage der Bundesregierung für Kultur und Medien.

Abbildungsnachweis:
Hoffmann, Sylvio: 46, 48, 50; imago sportfoto: 43, 87, 95; Kicking Girls: 67 (2), 69; Kroemer, Ullrich:
39, 59, 63, 68; Landesprojekt MuT: 88; Lörcher, Daniel / Borussia Dortmund: 77, 78, 79, 82, 83;
Makkabi Deutschland: 71; Privat: 4, 23, 86, 93; Schimmel, Sebastian: 13, 75, 76; Schulze, Tom: 15,
20, Umschlag Rückseite; Universität Bielefeld: 25; Verein für Vielfalt in Sport und Gesellschaft: 36

Bibliografische Information der Deutschen Nationalbibliothek:
Die Deutsche Nationalbibliothek verzeichnet diese Publikation
in der Deutschen Nationalbibliografie; detaillierte bibliografische Daten
sind im Internet über http://dnb.d-nb.de abrufbar.

1. Auflage 2017
Copyright © 2017 Verlag Die Werkstatt GmbH
Lotzestraße 22a, D-37083 Göttingen
www.werkstatt-verlag.de
Alle Rechte vorbehalten.
Satz und Gestaltung: Die Werkstatt Medien-Produktion GmbH
Druck und Bindung: Grafisches Centrum Cuno, Calbe

ISBN 978-3-7307-0357-1

Inhalt

Vorwort

Von Gerd Dembowski, der als Fanaktivist einer der Vorreiter für eine vielfältige Kultur im Fußball hierzulande war und nun als Manager für Vielfalt und Antidiskriminierung des Fußball-Weltverbandes FIFA tätig ist. Ein Plädoyer für gesellschaftliches Engagement im Fußball.

Gerd Dembowski

Gleichberechtigung im Fußball und in der Gesellschaft gegen Widerstände durchzusetzen und langfristig zu erhalten, hängt von jeder und jedem Einzelnen ab. Gegen immer wieder aufkommenden Rechtspopulismus und Ideologie. Gegen seine Akteure und vielleicht auch gegen eigene, letztendlich unbegründete Ängste. Nur dann kann verhindert werden, dass sich die Geschichte des Julius Hirsch auf anderer Ebene wiederholt. In erster Linie geht es darum, im Kleinen aktiv zu sein, sich beharrlich zu positionieren, selbstkritisch zu sein und aus eigenen Fehlern früher oder später zu lernen. Und manchmal entsteht daraus vielleicht sogar mehr:

Irgendwann Ende der 1970er und zu Beginn der 1980er Jahre: Als Junge auf der Wiese zwischen den hohen Häusern der kleinen Arbeitersiedlung bedeutete Fußball den ersten Ausbruch aus dem Elternhaus, den ersten Hauch von Selbstbestimmung. Schon bald aber sollte ich begreifen, dass auch auf der Wiese im damals noch kohlerußigen Recklinghausen nicht alle gleichberechtigt waren. Denn Ende der 1970er Jahre durften auf ‚unserer' Wiese ‚die Mädchen' und ‚die Türken' nur im Notfall mitspielen. Als Jüngster und Kleinster durfte auch ich nur mitmachen, wenn bei ‚den Großen' mal einer fehlte. Und es kam vor, dass ‚die Großen' alle mit polnisch klingenden Namen in eine Mannschaft packten: „Deutsche gegen Polacken und Kanaken". Und es war klar, in welches Team ich mit dem Nachnamen Dembowski geschickt wurde.

Im Alter von neun Jahren zog ich meinen türkischen Kumpel Muammer aus dem knietiefen, überirdisch fließenden Abwasserkanal voller Fäkalien und gebrauchtem Klopapier, in den „die Deutschen" ihn an Händen und Füßen gefesselt geworfen hatten. Er hatte zu gut gespielt, und nun machten sie sich mit seinem echten Lederball davon. In dieser Situation wurde ich Antifaschist, ohne es zu merken oder damals überhaupt zu wissen, was das bedeuten konnte.

Etwas später in der Fankurve merkte ich, dass für viele um mich herum die Ränge so etwas wie meine Hinterhofwiese waren. Fans galten als ‚asozial' und durften im Zweifelsfall nur so agieren, wie andere es ihnen erlaubten. Persönliche Erfahrungen, wie meine mit Muammer, konnten wichtig sein.

Stadionerlebnisse in den 1980ern

Was aber waren die Erfahrungen, die man in den 1980er Jahren im Stadion vornehmlich machte? Vorwiegend versammelten sich dort weiße deutsche Männer, die auch sehr althergebrachte Ansichten von Männlichkeit abfeierten. Frauen spielten in der Fanszene damals kaum eine Rolle. Und wenn sie da waren, wurden sie traditionsgemäß abgewertet. In den 1980er Jahren folgten im Umfeld von Fußballspielen einige einschlägige, vielerorts wortführende Fangruppen auch schon mal den Aufrufen, „Ausländer" zu jagen. In einigen Städten stellten Fangruppierungen den Saalschutz für neonazistische Veranstaltungen oder Ordner für Neonazi-Demos. Versuche gezielter Einflussnahme von organisierten Neonazis auf führende Fanklubs kamen auf. Gleichzeitig etablierten sich gewaltbereite Hooliganszenen, die immer auch personelle oder situative Schnittpunkte mit organisierten Neonazis hatten. Über der Kurve lag der Geruch von Angst und alten Werten: einem dumpfen Gemisch aus Kampf und Krampf, aus Angsterzeugung, dem Recht des Stärkeren, Nationalismus, Antiintellektualismus und immer wieder auch Diskriminierung. Andere Interpretationen von Fankultur waren damals nicht durchsetzbar, zumindest nicht als sichtbare oder gar lautstarke Position.

Es waren nicht Fußballvereine, sondern Teile der Fanszenen von Borussia Mönchengladbach, vom FC St. Pauli und von Fans aus dem Berliner Fußballraum, die Mitte der 1980er Jahre erstmals den Mut aufbrachten und Aktionen dagegen starteten. Immer mehr Fans in immer mehr Städten verteilten dann in den 1990ern wachsende Auflagen größtenteils handkopierter Fanzines, also alternative Magazine mit häufig antidiskriminierender Grundausrichtung. Dass beim FC St. Pauli Menschen mit antifaschistischen Ideen und alternativem Äußeren willkommen waren und nicht wie anderswo im Zweifelsfall „aufs Fressbrett bekamen", hatte ich wohl 1986 zum ersten Mal gehört. 1988 konnte ich es zum ersten Mal im Stadion mit eigenen Augen sehen: Fußball ging auch mit Vielfalt und lautstarken Fanchören gegen eine diskriminierende Leitkultur.

Aus dem losen Netzwerk von Fans unterschiedlicher Vereine ging 1993 das Bündnis Antifaschistischer Fußballfans hervor (später Bündnis Aktiver Fußballfans – BAFF), dass durch antidiskriminierende Aktionen, Kongresse, einen Referentenpool und geschickte Öffentlichkeitsarbeit einen Kontrapunkt setzte. Parallel etablierten sich verstärkt die sozialpädagogisch ausgerichteten Fanprojekte, die insbesondere gewaltmindernd, aber auch der Diskriminierung entgegenwirken sollten.

Fußball ging auch mit Vielfalt und lautstarken Fanchören gegen eine diskriminierende Leitkultur.

Wanderausstellungen und FIFA-Mitarbeiter

Zur gleichen Zeit begegnete ich dem Adorno-Schüler und Fanforscher Dieter Bott in seinem Seminar „Soziale Arbeit mit Fußballfans" an der damaligen Gerhard-Mercator-Universität-Gesamthochschule Duisburg. Sein Seminar und das mir so bekannt gewordene BAFF zogen mich immer tiefer hinein in die sozialen Themen, die der Fußball eröffnet, vor allem aber dorthin, wo es Fehleranalysen und Lösungsvorschläge zu erarbeiten gab.

Zuerst BAFF-Sprecher, koordinierte ich von 2000 bis 2005 die folgenreiche Wanderausstellung „Tatort Stadion" mit. Neben diskriminierenden Vorfällen und Tendenzen in den Fanszenen kommentierte „Tatort Stadion" auch das zögerliche Engagement des damaligen DFB, dokumentierte rassistische Zitate des damaligen DFB-Präsidenten. Das führte 2001 zu einem medialen Aufschrei. Weil er einige Inhalte tendenziell überspitzt dargestellt sah und wir Ausstellungsmacher nicht, zog der DFB seine zugesagten Unterstützungsgelder zurück und boykottierte, bis Dr. Theo Zwanziger 2006 alleiniger Präsident des DFB wurde. Die medialen, verbandlichen und fanbezogenen Diskussionen um die Ausstellung und ihr Rahmenprogramm waren längst zu einem bedeutenden Aspekt in einem Wandel geworden, der den öffentlichen Diskurs zu Antidiskriminierung im deutschen Fußball nachhaltig verändern sollte. Denn im internationalen Vergleich ist der DFB inzwischen längst konstant vorne mit dabei, wenn es um antidiskriminierende Verbandsarbeit im Sport geht.

Nach einer weiteren Wanderausstellung zu Fußball und Migration war ich von 2012 bis 2014 in der Kompetenzgruppe Fankulturen und Sport bezogene Soziale Arbeit (KoFaS) am Institut für Sportwissenschaft der Leibniz Universität Hannover an der Neuerfindung von Dialogen zwischen Fans und Verein beim 1. FC Köln beteiligt. Entsprechende Projekte bei Werder Bremen und Hannover 96 folgten. Borussia Dortmund beriet ich zu Rechtsextremismus und Antidiskriminierung, und in Niedersachsen konnte ich an einem polizeiinternen Dialog mitwirken, der neue Ideen zur Förderung einer Reflexions- und Fehlerkultur angeschoben hat.

> Im internationalen Vergleich ist der DFB inzwischen längst konstant vorne mit dabei, wenn es um antidiskriminierende Verbandsarbeit im Sport geht.

Schließlich begann ich den Selbstversuch als Manager für Vielfalt und Antidiskriminierung in der Abteilung für Nachhaltigkeit und Vielfalt bei der FIFA in Zürich. Da war ich 42, und hinter mir lagen bereits 20 Jahre Aktivismus und Forschung. In erster Linie wollte ich raus aus einem immer unsicheren Leben mit seinen schlecht bezahlten, unterbesetzten Projekten und dem ständigen Druck, dass sie nach einem halben Jahr womöglich wieder vorbei sind. Durchweg war da die Frage: Wie sichere ich meine Existenz, wenn das laufende Projekt vorbei ist?

Da die FIFA diesen Posten erstmals besetzte, bot sich mir eine historische Chance, Antidiskriminierung in einem viel größeren Ausmaß, nämlich global und mit mehr Gestaltungs- und Weisungsbefugnissen zu entwickeln. Wäre bei mir im Auswahlverfahren um den neuen Job das Gefühl aufgekommen, ich könnte in der FIFA nichts für Antidiskriminierung im Fußball erreichen, dann wäre ich nicht nach Zürich gezogen.

Seitdem ich dort bin, hat die FIFA eine strukturelle Herangehensweise mit den Bereichen Reglementierung, Bildung, Kontrolle und Sanktionen, Kommunikation sowie Netzwerkarbeit und Kooperation eingeführt. Darauf basierend werden zahlreiche dauerhafte Projekte wie das Spielbeobachtungssystem für Antidiskriminierung umgesetzt, mit Antidiskriminierungsbeobachtern und einem Mechanismus zur Identifikation und direkten Reaktion auf diskriminierende Praktiken bei diversen FIFA-Wettbewerben. Zusätzlich können Schiedsrichter bei FIFA-Wettbewerben Spiele anhalten, unterbrechen und sogar abbrechen, wenn diskriminierende Vorfälle überhandnehmen. Es gibt

Trainingselemente zu Antidiskriminierung in allen relevanten Bereichen. Alle 211 Mitgliedsverbände der FIFA erhalten konstant Beratungen, z. B. über ein Handbuch, das ihnen Anregungen gibt, in ihren Ländern aktiver für Vielfalt und Antidiskriminierung im Fußball zu werben. Mittlerweile gibt es auch die jährliche FIFA-Auszeichnung für Vielfalt, die eine Organisation, eine Initiative oder eine Einzelperson gewinnen kann, wenn sie sich konstant und herausragend für Antidiskriminierung eingesetzt hat, gewählt von einer elfköpfigen Jury um die amerikanische Fußballweltmeisterin Abby Wambach, dem ehemaligen deutschen Nationalspieler Thomas Hitzlsperger und der Nationalspielerin Jaiyah Saelua aus Amerikanisch-Samoa. Und seit 2016 gibt es einen FIFA-Manager für Menschenrechte, mit dem ich sehr eng zusammenarbeite. Die Liste der Aktionen ließe sich noch lange fortsetzen.

Diskriminierung im Fußball wird es jedoch so lange geben, wie sie sich auch in anderen gesellschaftlichen Bereichen formiert. Deshalb geht es im Grunde immer noch um das, was ich auf der Hinterhofwiese ansatzweise erkannte: darum, dass alle Menschen am Fußball teilhaben können. Darum, dass sie dort gleichberechtigt verschieden sein dürfen, ohne aufgrund ihrer Hautfarbe, ethnischer, nationaler oder sozialer Herkunft, Geschlecht, Alter, Behinderung, Sprache, Religion, sexueller Orientierung, politischer oder sonstiger Anschauung, sonstigem Stand oder aus einem anderem Grund verbal oder körperlich abgewertet und ausgegrenzt werden.

> **Diskriminierung im Fußball wird es so lange geben, wie sie sich auch in anderen gesellschaftlichen Bereichen formiert.**

Gerd Dembowski
Zürich, Juli 2017

Einleitung

Blau-grau gestreift
Mein letztes Trikot
Das Logo ein gelber Stern
Transferiert aus Karlsruhe
In einer Nacht- und Nebelaktion
Ablösefrei
Trainiere ich für das eine große Ziel
Die Endlösung.
(...)
Wie gerne würde ich einmal noch wechseln
Aber auf meinem Arm der Stempel
UNVERKÄUFLICH
Singt: Finale O-ho-ho
Für die Reinhaltung der arischen Rasse
Geh ich durchs Feuer
Der Schlote

(Auszug aus dem Theaterstück „Juller")

Als Julius Hirsch diese Worte spricht, ist er seinem Tod bereits ganz nah. Der wacht bereits in Figur eines Capos, eines Aufsehers im Konzentrationslager, über ihn. Der Wachmann im Konzentrationslager wirft „Juller" viel zu große Schuhe vor die Füße; er soll noch einmal zeigen, ob er als einstiger Deutscher Meister und Nationalstürmer noch etwas am Ball kann. Für ein Spielchen im KZ, zum Zeitvertreib der Aufseher. Auf dem Rand der von Einschusslöchern übersäten Mauerkulisse sind altertümliche Lautoprechei in Tütenform angebracht, wie man sie von alten Sportplätzen kennt – und wie sie auch in Konzentrationslagern angebracht waren, wo Grammophonmusik Schreie der Insassen und Schüsse übertönen sollte. Vielleicht wird das „Jullers" letztes Spiel, die Schornsteine des KZ sind bereits ganz nah.

Die Szene aus dem Theaterstück „Juller" über die Biografie des deutsch-jüdischen Nationalspielers Julius Hirsch gehört zu den eindrücklichsten der Aufführung. In der Realität verliert sich die Spur des einstigen Ausnahmefußballers im März 1943; sein letztes Lebenszeichen ist eine Postkarte, die er aus Dortmund vor dem Abtransport nach Auschwitz-Birkenau schrieb. Ob „Juller", wie er von allen genannt wurde, dort ankam und wie er genau zu Tode kam, ist nicht bekannt. Umso bewegender sind die fiktiven Szenen am Ende des Stücks, die zeigen, wie es Hirsch ergangen sein könnte.

„Die Geschichte von Julius Hirsch steht für den massenhaften Mord an Juden, Minderheiten wie Homosexuellen und Andersdenkenden", sagt Jürgen Zielinski. Der Intendant des Leipziger Theaters der Jungen Welt (TdJW) hat Hirschs Biografie erstmals professionell inszeniert auf die Theaterbühne gebracht. Seit dem Frühjahr 2017 war und ist die Aufführung in Leipzig zu sehen, ab Herbst 2017 in zahlreichen weiteren Bundesligastädten in ganz Deutschland. Auch dank finanzieller Unterstützung der DFB-Kulturstiftung sowie der Stiftung „Erinnerung, Verantwortung und Zukunft" ist es Zielinski gelungen, die stets aktuellen Themen Diskriminierung und Ausgrenzung zu bearbeiten. Gerade der Volkssport Fußball tauge gut als Stoff für Volkstheater im besten Sinne. „Wir wollen in diesem Theaterstück Diskriminierung als Wechselspiel zwischen Lachen und Entsetzen so spürbar machen, dass es unter die Haut geht", betont er.

Mit dem Theater mitten in den Fanblock.

Eines der Ziele der Inszenierung ist es, ein Publikum ins Theater zu locken, das normalerweise nicht zum Stammpublikum gehört. Mit Erfolg: ultra-affine Fans diverser Vereine besuchten nicht nur das Stück, sondern organisierten sogar eine Podiumsdiskussion darüber. So kommt Theater genau dort an, wo Zielinski und die am Stück Beteiligten wie Autor Jörg Menke-Peitzmeyer und Dramaturg Jörn Kalbitz als Fußballfans hinwollen: mitten in den Fanblock. „Wir leben in einer Zeit zunehmender Stammtischparolen, die auch in den Fußballstadien Gehör finden", sagt Zielinski und richtet den Blick auch über die Stadionmauern hinaus zu den Mauern, Zäunen und Grenzen, die etwa Geflüchtete überwinden müssen, um nicht nur in unser Land zu gelangen, sondern hier auch anzukommen. „Wo passiert Ausgrenzung heute und wie funktioniert Integration – nicht nur am Beispiel des Fußballs?", fragt er.

Einige Antworten darauf liefert dieses Begleitbuch. Die Geschichten über und die Interviews mit Protagonisten des Fußballs, die sich heute für Vielfalt und Integration und gegen Diskriminierung, Rechtsextremismus und Gewalt einsetzen, sollen zur Reflektion und zum Weiterdenken anregen. „Juller" als Symbol für Vielfalt und gegen Ausgrenzung. „Wenn wir etwas aus dieser grauenvollen Geschichte lernen wollen, dann kann das doch nur heißen, gerecht mit Minderheiten umzugehen und niemanden zu diskriminieren, der unser Gemeinwesen respektiert", sagt Julius Hirschs Enkel Andreas im eindringlichen Interview in diesem Buch. Die Akteure, die in dieser Textsammlung zu Wort kommen, müssen sich nicht wie die Stars der Branche auf dem Spielfeld mächtiger Gegner erwehren. Vielmehr haben sie sich in ihren (Berufs-)Feldern gegen teils erhebliche gesellschaftliche Widerstände durchzusetzen.

So wie zum Beispiel Marcus Urban, der sich auch zehn Jahre nach seinem medialen Coming-out, nicht nur für die Akzeptanz Homosexueller, sondern für Vielfalt im Sport generell einsetzt. Oder die Akteure des antirassistischen Fußballklubs Roter Stern Leipzig, die ihre Auswärtsspiele in der nordsächsischen Provinz seit Jahren durch Polizei-Hundertschaften sichern lassen müssen, weil sie gegen teils rechtsextreme Fußballer protestieren. Ein mühsamer Protest nicht nur gegen Neonazis, sondern auch langsam mahlende Mühlen in Vereinen und Verbänden. Oder Alon Meyer, der einst als jüdischer Fußballer diskriminiert, bedroht und angegriffen wurde und heute als Präsident der jüdischen Sportvereinigung Makkabi gegen Antisemitismus eintritt. Im Interview beschreibt er, wie und wo sich die Situation für jüdische Sportler bereits verbessert hat und in welchen Regionen und Sportarten „leider auch heute noch schlechte bis sehr schlechte Zustände herrschen". Meyer steht dabei auch für ein selbstbewusstes, modernes jüdisches Leben in Deutschland: „Ich will auch nicht derjenige sein, der mit erhobenem Zeigefinger durch Deutschland läuft. Ich freue mich über das, was wir erreicht haben, das ist sensationell", sagt er.

„Nicht mit erhobenem Zeigefinger!"

„Aber wir Juden haben uns das hier in Deutschland schon einmal wegnehmen lassen. Das darf sich nie mehr wiederholen. Deswegen dürfen wir nicht mehr tatenlos zusehen und wegschauen."

Das zeigen auch die Forschungsergebnisse des Wissenschaftlers Hannes Delto. Er hat 5.000 Mitglieder in Sportvereinen befragt und liefert erstmals Aussagen über die Ausprägung von Vorurteilen und Diskriminierungselementen in Sportvereinen. „Wir können nur von Integrationspotenzialen des Sports sprechen, wenn wir auf der anderen Seite wissen, wie ausgeprägt Vorurteile sind, von denen wir wissen, dass sie Integration hemmen", sagt er. Dass die Studie zwar mit 320.000 Euro finanziert, bislang aber von den Verbänden weitgehend ignoriert wurde, zeigt auch, dass es seitens der großen Institutionen noch deutlich mehr Problembewusstsein bedarf. Auch Zielinski hat beobachtet: „Die Verantwortungsträger nehmen ihre sogenannte Vorbildfunktion nicht in dem Maße war, wie es nötig wäre."

Eine positive Ausnahme und Vorreiterrolle nimmt da Christian Reinhardt vom Fußballverband Sachsen-Anhalt ein. Der Geschäftsführer berichtet nicht nur offen vom Umgang mit dem mittlerweile aus dem Verband ausgeschlossenen rechtsextremen Fußballklub 1. FC Ostelbien Dornburg und aktuellen Problemen mit rechtsextremen Kickern und überforderten Vereinen, sondern erklärt auch, wie sensibel und wachsam der Verband seither verfährt.

Die hier ausgewählten und porträtierten Akteure und Vereine sollen exemplarisch für die zahlreichen Engagements der teils ehrenamtlich arbeitenden Initiativen und Personen stehen, die dazu beitragen, dass Sport und insbesondere Fußball seiner gesellschaftlichen Verantwortung gerecht wird.

Besonderer Dank für die Bereitschaft zu einem Gespräch für dieses Buch gebührt *Andreas Hirsch*, der eigentlich zu bescheiden ist, um Interviews zu geben. Für dieses Buch hat er eine Ausnahme gemacht. Ebenso bedanken möchte ich mich bei *Gerd Dembowski*, der als Manager für Vielfalt im Fußball-Weltverband FIFA tätig ist und das Vorwort für dieses Buch beigesteuert hat. *Hannes Delto* und *Professor Andreas Zick* bereichern „Das Spiel mit den anderen" mit den Ergebnissen ihrer aktuellen Studie. Und auch meinen Gesprächspartnern und Protagonisten möchte ich herzlich danken: *Bassam El Daroub* und seinen Söhnen *Roy* und *Ralph* sowie *Björn Mencfeld* vom SV Lindenau 1848; *Conrad Lippert* und *Anne Döring* vom Roten Stern Leipzig; *Marcus Urban* vom Verein für Vielfalt in Sport und Gesellschaft; *Alon Meyer* von Makkabi Deutschland; *Daniel Lörcher* von Borussia Dortmund; *Heike Säuberlich* und *Katharina Althoff* von der Initiative Kicking Girls, *Christian Reinhardt* vom Fußballverband Sachsen-Anhalt; *Prof. Harald Lange* vom Institut für Fankultur und natürlich dem Team des TdJW unter Leitung von *Jürgen Zielinski*.

Ullrich Kroemer
Leipzig, August 2017

„Die Welt aus den Augen Jullers"

Interview mit Andreas Hirsch, Enkel von Julius Hirsch

Familie Hirsch trägt einen in Karlsruhe weithin bekannten Namen: Julius Hirschs Enkel Andreas und Mathias führen das Reiseunternehmen, das ihr Vater nach dem Krieg aufgebaut hat. Julius Hirsch selbst ist als Person öffentlichen Gedenkens auch überregional präsent. Im Interview spricht Andreas Hirsch darüber, wie nahe er seinem Großvater in den vergangenen Jahren gekommen ist sowie über die Symbolkraft und Bedeutung, die Julius Hirsch für Sport und Gesellschaft besitzt.

Leipzig / Karlsruhe – Andreas Hirsch war unter den ersten Zuschauern des Theaterstücks „Juller" am Theater der Jungen Welt (TdJW). Bereits zur Generalprobe und tags darauf zur Erstaufführung samt Premierenfeier war er zusammen mit Ehefrau und Nichte nach Leipzig gekommen. Vorausgegangen waren eine erste Begegnung bei der zehnten Verleihung des Julius-Hirsch-Preises in Leipzig 2015 sowie ein mehrstündiges Gespräch der Hirschs mit dem TdJW-Intendanten Jürgen Zielinski und dem Chefdramaturgen Jörn Kalbitz in Karlsruhe, in dem die Familie Hirsch die Zustimmung gab, ein Stück auf der Grundlage der Biogra-

„Jede Aufführung eine neue Chance":
Andreas Hirsch (rechts) mit TdJW-Intendant Jürgen Zielinski.

fie von Julius Hirsch zu entwickeln. Einige Wochen nach der Premiere äußert sich Andreas Hirsch (55) ausgesprochen offen über das Stück, das öffentliche Gedenken an seinen Großvater und dessen Symbolkraft, Missstände in Sport und Gesellschaft sowie die Rolle des DFB.

Herr Hirsch, Sie haben Ihren Großvater nicht kennenlernen können. Wie nahe sind Sie ihm durch die Biografie, den nach ihm benannten Preis oder das Theaterstück in den vergangenen Jahren gekommen?
Andreas Hirsch: Ich bin ihm inzwischen sehr nahegekommen. Zwar wusste ich schon seit meiner Jugend um die Geschichte meines Großvaters. Doch der Blick von außen hat mir geholfen, seine Existenz umfassender zu begreifen. Die Biografie von Werner Skrentny (Julius Hirsch. Nationalspieler. Ermordet, Verlag Die Werkstatt. Anm. d. Autors), die historisch präzise und korrekt recherchierte Einordnung, hat mir sehr geholfen, die in der Familie teilweise verschwommenen Überlieferungen objektivieren zu können. Der Julius-Hirsch-Preis* ist mir wichtig als Symbol der Erinnerung mit gesellschaftspolitischer Botschaft, auch um gesellschaftlichen Initiativen im Fußball mehr Aufmerksamkeit zu verleihen. Und das Theaterstück begreife ich als wichtige Ergänzung, seine Höhen und Tiefen, sein Leben und Leiden konkret und emotional darzustellen. So hat sich das Bild, das ich heute von ihm habe, mit der Zeit immer mehr vervollständigt.

Was hat Julius Hirsch charakterlich ausgemacht? „Juller" war ein bescheidener Familienmensch. Er war am glücklichsten, wenn er im Kreise seiner Familie sein konnte. Er wurde in eine Kaufmannsfamilie hineingeboren und hat sich auch nach 1933 aufopferungsvoll für seine Familie eingesetzt und alles versucht, um als Selbstständiger Geld zu verdienen – aufgrund der Judenverfolgung mit immer weniger Erfolg. Wir haben ein Kundenbuch von ihm mit Hunderten von Einträgen aus dieser Zeit, in der er als Handlungsreisender unterwegs sein musste, um Geld zu verdienen. Es ist für uns herzzerreißend, seine Bemühungen zu sehen und heute zu wissen, dass sie vergebens waren, da sich die Gesellschaft aus niederen Beweggründen gegen ihn und Millionen andere Juden gestellt hat.

> „Er war am glücklichsten, wenn er im Kreise seiner Familie sein konnte."

---

* Der Julius-Hirsch-Preis wird jährlich vom DFB an Organisationen vergeben, die sich in besonderer Weise für Freiheit, Toleranz und Menschlichkeit einsetzen.

Welche Rolle hat Fußball in dieser Zeit noch für ihn gespielt? Fußball hat immer eine große Rolle gespielt. Die elterliche Firma hat Textilien, auch Sportartikel, produziert. Da gab es einen Fußball der Schutzmarke „Hirsch". Die Firma hat natürlich versucht, seine Bekanntheit in den geschäftlichen Erfolg zu integrieren. Nachdem er aus dem Karlsruher FV ausgetreten ist, ist er in den jüdischen Turnclub 03 Karlsruhe eingetreten und hat dort weiter trainiert und wieder gespielt und auch diesen Verein zu Höhenflügen gebracht. Der Fußball war immer seine Leidenschaft. Auch die haben ihm die Nationalsozialisten genommen.

„Treffend und stark":
Schauspieler Philipp Oehme als „Juller".

Was würden Sie Ihren Großvater gern fragen? Warum er sich so lange Zeit etwas vorgemacht hat und nicht glauben konnte, dass die Nazis ihn vernichten wollten. Das ist zwar müßig, zeigt aber, dass wir heute sehr wachsam sein müssen, um die Nazis nicht wieder mächtiger werden zu lassen. Das ist der zentrale Antrieb meines Engagements.

Denken Sie, dass es damit zu tun gehabt haben könnte, dass er sich zu verbunden mit dem Deutschen fühlte? Zum einen. Ich glaube aber auch, dass er sich etwas vorgemacht hat. Viele Menschen wollen die Wirklichkeit nicht wahrhaben, verschließen lieber die Augen vor dem Offensichtlichen. Das ist eine typische menschliche Eigenschaft, die dazu führt, dass man etwas kleinredet und kleindenkt. Das darf nie wieder passieren.

Wie präsent war die Geschichte Ihres Großvaters in Ihrer Familie, bevor er lange nach seinem Tod wieder zur öffentlichen Person wurde, und wie präsent ist er heute in Ihrem Alltag? Ich weiß seit 1979 von der Geschichte meines Großvaters. Mein Vater hat sich geöffnet, als die amerikanische Fernsehserie „Holocaust – Die Geschichte der Familie Weiss" in Deutschland ausgestrahlt wurde. Das ist eine wichtige Begebenheit meiner Jugend. Ich war damals 17 Jahre alt. Damals begann unser Vater, vom Leben seines Vaters zu erzählen. Einzelne Geschichten wurden meinem Bruder Mathias und mir erst nach und nach erzählt. Vieles blieb im Ungefähren, sodass ich hinter dem noch unscharfen Bild mehr vermutete. Er war wie ein Unbekannter, den es zu entdecken galt. Ich wurde mir auch damals erst selbst gewahr, aus welcher Familie ich stamme. Das war ein langer Prozess, der Jahre dauerte.

War Ihnen als Jugendlicher nicht bewusst, dass Sie aus einer deutsch-jüdischen Familie stammen? Nicht wirklich. Das war lange kein Thema. Ich bin getauft, evangelisch erzogen.

Haben Sie Ihren Vater fragen können, warum er so lange nicht über die Familiengeschichte sprechen konnte? Man hat gespürt, dass das Erlebte so schrecklich war, dass das einfach nicht ging. Unsere Elterngeneration war eh keine Generation der großen Worte. Da wurde auf allen Seiten viel zu wenig gesprochen. Dafür war das Grauen, das sie erlebt haben, wohl zu groß, als dass sie es hätten formulieren können.

Hatten Sie selbst Fragen zur Geschichte von Julius Hirsch, denen Sie nachgegangen sind, oder kam das erst mit Beginn der öffentlichen Aufarbeitung? Das hat sich entwickelt. Seine Geschichte war bei uns im Alltag lange nicht präsent, sondern wurde eher bei Familientreffen thematisiert, um uns Kinder so langsam heranzuführen. Das haben unsere Eltern gut gemacht. Mein Interesse ist Anfang der 1990er Jahre gewachsen. Seitdem denke ich täglich an meinen Großvater, meiner Cousine geht es auch so.

In den 1990er Jahren wurde das Gedenken an Ihren Großvater auch öffentliches Thema. Der Biograf Werner Skrentny hat meinen Vater erstmals 1992 getroffen. Davon habe ich damals allerdings nichts erfahren, weil mein Vater es nicht für nötig erachtet hat, mir das mitzuteilen. Aber ich verstehe das gut. Er hat das gebraucht, er musste allein mit seiner Geschichte umzugehen lernen. Eine solche Bewusstwerdung ist ein langer Prozess.

1998 wurde die erste Schulsporthalle in Pfinztal-Berghausen bei Karlsruhe nach Julius Hirsch benannt. Ich erinnere mich noch gut an die Einweihungsveranstaltung. Das erste öffentliche Gedenken war damals wie eine Totenfeier, was mich sehr beeindruckt hat. Leider konnte mein Vater, der zwei Jahre zuvor starb, diesen Moment nicht mehr miterleben.

> „Diese Überzeugung, dass kein Profilierungsgedanke der Antrieb ist, sondern aufrichtiges Eintreten gegen Ausgrenzung, war uns wichtig."

Wie kam dann der DFB auf Sie zu? Olliver Tietz (Geschäftsführer der DFB-Kulturstiftung, Anm. d. Autors) hat mich im August 2005 angerufen und gefragt, ob wir uns vorstellen können, einen Preis gegen Rassismus und Antisemitismus nach Julius Hirsch zu benennen. Danach haben wir in der Familie intensiv und konträr darüber diskutiert, und ich habe einen langen Brief an den damaligen DFB-Präsidenten Dr. Theo Zwanziger geschrieben. Wir haben uns zum persönlichen Gespräch getroffen, und er konnte mich überzeugen, dass es ihm und anderen im Präsidium ein echtes Anliegen ist. Diese Überzeugung, dass kein Profilierungsgedanke der Antrieb ist, sondern aufrichtiges Eintreten gegen Ausgrenzung, war uns wichtig. Wir haben zugestimmt, und ich kann mehr als zehn Jahre danach sagen, dass wir keinen Moment enttäuscht wurden. Im Gegenteil. Der DFB engagiert sich aus meiner Sicht vorbildlich, bezieht Stellung für Offenheit, Demokratie, Menschenrechte. Das war bis in die 1970er und 1980er Jahre nicht so.

Weshalb waren Sie zunächst skeptisch? Mir war es am wichtigsten, die mediale Aufmerksamkeit von Beginn an zu begrenzen. Wir wollen keine Herzschmerz-Storys über die Nachfahren von Julius Hirsch. Das gleitet schnell in den Boulevard ab und könnte einen Geruch von eigenen Interessen am Preis hervorrufen. Ich kann Ihnen versichern: Dies ist absolut nicht der Fall. Unsere einzige Motivation ist unser politisch-gesellschaftliches Eintreten gegen Nazis.

Haben Sie Theo Zwanziger damals die Frage gestellt, weshalb der DFB gerade Ihren Großvater als Symbolfigur öffentlichen Gedenkens ausgewählt hat? Genau das habe ich ihn gefragt: Warum denn gerade Julius Hirsch? Er sagte, dass er der einzige Nationalspieler sei, der von den Nazis und ihrer industriellen Mordmaschine umgebracht wurde. Wenn wir etwas aus dieser grauenvollen Geschichte lernen wollen, dann kann das doch nur heißen, gerecht mit Minderheiten umzugehen und niemanden zu diskriminieren, der unser Gemeinwesen respektiert. Und Julius Hirsch soll uns daran erinnern. Außerdem lehrt uns sein Leben, dass diejenigen, die unseren Rechtsstaat bekämpfen oder ihn nicht unterstützen, ohne Toleranz in ihre Schranken gewiesen werden müssen. Das ist die Symbolwirkung, die er aus meiner Sicht hat.

Sie gehen wie geschildert sehr behutsam mit dem ideellen Erbe Ihres Großvaters um. Weshalb haben Sie für das Theaterstück zugesagt? Ein Theaterstück ist eine deutlich intimere Angelegenheit als etwa ein Fernsehfilm. Als Live-Performance ist jede Aufführung eine neue Chance. Dass es auf den Moment ankommt, dass eben keine Konserve konsumiert wird, schätzen wir am Theater. Das Medium Theater ist wichtig für die Gesellschaft, auch, um ihr einen Spiegel vorzuhalten.

> „Ein Theaterstück ist eine deutlich intimere Angelegenheit als etwa ein Fernsehfilm."

Was kann „Juller" auf der Bühne konkret bewirken? Das Stück bietet die Möglichkeit, die Welt aus den Augen „Jullers" und der anderen Protagonisten zu sehen, und gibt uns eine Vorstellung ihrer Gefühle. Es bringt ihn uns näher als eine Biografie in Buchform, weil es emotionaler und konzentrierter ist. Das kann bewirken, dass die Zuschauer seine konkreten Lebenslagen besser verstehen. Das ist die Stärke dieses Jugendtheaterstückes.

Was fanden Sie im Stück besonders treffend? Was hat Ihnen möglicherweise missfallen? Die Figur des „Juller" ist aus meiner Sicht äußerst treffend und stark, ebenso wie die seiner Frau Ella. Sein Teamkollege und Freund Gottfried Fuchs hingegen erscheint mir zu komisch und albern wiedergegeben. Zum Beispiel bei der Szene im Nachtklub in Paris, die ich zu pubertär erlebt habe für eine Situation, in der sich zwei erwachsene Männer im November 1938 in Frankreich treffen. Das erscheint mir seiner Person nicht ganz angemessen. Zutiefst berührt hat mich die Scheidungsszene am Ende des Stücks. Die bleibt mir am stärksten in Erinnerung. Ich habe also ein sehr differenziertes Bild, finde das Stück insgesamt sehr sehenswert und bin mir sicher, dass es sehr viele Menschen bewegen wird. Eine solch emotionale Auseinandersetzung, auch in dieser Tiefe, ist dem Thema angemessen. Ich wünsche mir, dass möglichst viele Zuschauer darüber sprechen, selbst formulieren, was sie fühlen. Schon das Beisammensein nach einem Theaterstück bringt noch einmal eine Vervielfachung der Wirkung und bringt einen aus der Zuschauerrolle heraus, mehr in das Stück hinein.

> „Die Figur des ‚Juller' ist aus meiner Sicht äußerst treffend und stark, ebenso wie die seiner Frau Ella."

Welche Rolle spielten Julius Hirschs einstige Teamkollegen Gottfried Fuchs und Frieder Förderer, die beide zentral im Stück auftauchen, für Ihren Großvater? Gottfried und „Juller" waren gute Freunde. Wie die Beziehung zu Frieder Förderer über die Teamzugehörigkeit hinaus war, weiß ich nicht. Mit den Nachfahren von Gottfried Fuchs, die in Toronto leben, verbindet uns heute eine Freundschaft über den Atlantik hinweg. Da bestand von Anfang an eine unausgesprochene Nähe.

Was bedeutet es Ihnen, dass heute neben dem Preis und dem Theaterstück zwei Sportanlagen, eine Turnhalle und eine Straße nach Ihrem Großvater benannt sind? Für mich persönlich ist das eine gewisse Genugtuung, dass Julius Hirsch nicht vergessen wurde, wie es sich die Nazis und ihre Helfer gewünscht haben. Er ist ein Beispiel für Millionen vergessener Holocaust-Opfer, deren Geschichten noch erzählt werden müssen. Wir wissen viel über die Täter, über die Opfer wissen wir sehr wenig. Jede Person wird greifbar, wenn man ihre Geschichte kennt. Keine lässt einen kalt. Man muss sie nur recherchieren und aufschreiben. Das ist die große Aufgabe.

Wie hat das Engagement für das Gedenken Ihr Leben beeinflusst? Es hat mich politischer werden lassen und aufmerksamer dafür gemacht, wer welche Worte verwendet. Es werden auch heute noch viele Worte benutzt, die auch die Nazis gebraucht haben – oft unbedacht, oft aber auch, um zu verschleiern. Das hat mich am meisten verändert: Ich bin ein Fan der präzisen Worte geworden.

Was bereitet Ihnen hinsichtlich Diskriminierung und Antisemitismus in unserer Gesellschaft Sorgen – nicht nur im Sport? Da sind wir wieder bei den Worten: Die Auseinandersetzung um Integration und Migration ist durch den Deckmantel der Anonymität im Internet gewalttätiger geworden. Nicht nur in den Worten, auch in den Taten. Das müssen wir eindämmen. Ich bin der Überzeugung, dass sich unser Rechtsstaat weitaus selbstbewusster gegenüber seinen Gegnern positionieren muss, um ernst genommen zu werden. Das ist für mich die große Aufgabe der kommenden Zeit.

Was treibt Sie im Fußball um? Ich habe Herrn Zwanziger bereits 2005 gesagt, dass ich Fangesänge wie „Sieg, Sieg", die noch immer durch die Stadien hallen, für unerträglich halte. Das ist für mich Nationalsozialismus pur. Wenn ich das höre, läuft es mir kalt den Rücken herunter. Er hat das damals so angenommen, und wenn ich mal auf Einladung des DFB bei Länderspielen bin, achte ich gerade auf solche Dinge. Wenn ich etwa sehe, dass in einem Stadion ein meterlanges Transparent mit der Aufschrift „Krieg dem DFB" hochgehalten wird, muss man das ernst nehmen. Wenn ohne Not Worte wie „Krieg" und „Feind" in einer Zivilgesellschaft verwendet werden, Fans zu Tausenden in Camouflage aufmarschieren*, dann muss man sich die Frage stellen, ob das noch ein Mitspieler sein kann in dem Konzert. Wer das nicht ernst nimmt, verpennt die Zeichen der Zeit.

Für wie groß halten Sie die Macht des Fußballs und des DFB, in die Gesellschaft hineinzuwirken? Diese Macht ist dann ganz erheblich, wenn sich der Fußball und seine Protagonisten nicht durch finanzielle und wirtschaftliche Interessen ablenken lassen. Das Hauptvertrauen in den Fußball ist gesellschaftlicher Natur.

Wie nah ist Ihnen der Fußball, so wie wir ihn heute kennen, eigentlich? Oder können Sie mehr mit dem Fußball zu Beginn des 20. Jahrhunderts

---

*   So geschehen beim Auswärtsspiel von Zweitligist SG Dynamo Dresden beim Karlsruher SC am 14. Mai 2017. Dresdner Anhänger marschierten als „Football Army" in Tarnfleck in Karlsruhe ein und verletzten bei Krawallen 15 Polizisten und 21 Sicherheitsbeamte.

Im Himmel wieder vereint: der berühmte Innensturm des Karlsruher FV, bestehend aus (v.l.) Gottfried Fuchs (Sven Reese), Julius Hirsch (Philipp Oehme) und Fritz Förderer (Martin Klemm).

anfangen, als Ihr Großvater Erfolge feierte? Der Fußball damals und heute sind nicht zu vergleichen. Anfang des 20. Jahrhunderts war der Fußball Avantgarde, da war es eine neue Sportart, die pazifistische Verständigung zum Ziel hatte. Da musste sich der Sport noch ein Feld in der Gesellschaft erobern. Heute ist Fußball Mainstream, ein Phänomen, das die Mehrheitsgesellschaft betrifft. Es ist zwar noch das gleiche Spiel, aber hat doch eine ganz andere Kraft und Bedeutung als damals. Ich selbst bin ein ganz durchschnittlicher Zuschauer. Ich bin an dem Sport interessiert, aber mein Herz hängt nicht an einer Mannschaft. Ich schaue mir das aus einer gewissen Distanz an, ohne eifrig zu sein.

Würde Ihren Großvater der heutige Fußball noch begeistern? Was das Spiel angeht, wäre er begeistert: von Technik, Taktik, Schnelligkeit und Kraft. Das Kurzpassspiel hätte ihn sicherlich aus dem Häuschen gebracht. Viele Begleiterscheinungen wohl weniger.

> „Was das Spiel angeht, wäre er begeistert: von Technik, Taktik, Schnelligkeit und Kraft."

Welche Wünsche haben Sie, welche Perspektiven sehen Sie für den Julius-Hirsch-Preis? Ich bin begeistert davon, wie die Arbeit derzeit läuft. Wichtig ist, dass auch in Zukunft eine stabile Zahl an Bewerbungen vorhanden ist (etwa 120 pro Jahr, Anm. d. Autors). Ich wünsche mir weiter so qualitativ hochwertige Initiativen, die zeigen, dass Akteure aus dem Fußball von Herzen für Vielfalt und gegen Diskriminierung eintreten.

Vorurteile im Verein: Neue Studie über Diskriminierung im organisierten Sport

**Von Hannes Delto (Universität Leipzig) und
Prof. Dr. Andreas Zick (Universität Bielefeld)**

Sport kann vereinen, integrieren, Vorurteile abbauen, Zusammenhalt schaffen. Doch ist das per se so? Im Rahmen der Studie „Wir und die anderen" hat der Leipziger Sportsoziologe Hannes Delto mehr als 5.000 Mitglieder von Sportvereinen aus Sachsen, Sachsen-Anhalt und Brandenburg nach ihren sozialen Vorurteilen befragt. Die Ergebnisse zeigen, dass insbesondere rassistische, fremdenfeindliche, homophobe und muslimfeindliche Vorurteile von vielen Mitgliedern in Sportvereinen geteilt werden.

JULLER: „Und wer ist unser Gegner?"
FUCHS: „Ach, da findet sich doch immer einer. Oder?"

Das soziale Vorurteil und seine Macht

Leipzig / Bielefeld – Das Vorurteil ist ein mächtiges Instrument. Ist es einmal in der Welt, kann es die Welt verstellen, verzerren, verwirren. Dabei trachtet es danach, jene abzuwerten, zu diskreditieren oder sogar zu vernichten, die im Vorurteil als Gegner und Feinde markiert werden. Das Vorurteil verurteilt und setzt die Urteilsbildung außer Kraft. Es setzt eine Wirklichkeit, die geglaubt werden muss, um sich einer Prüfung zu entziehen. Der Gegner ist ein Feind, weil er ein Feind ist, weil er ein Gegner ist. Wer vom Vorurteil getroffen wurde, weiß, wie ausweglos der Versuch des Gegenbeweises ist und wie stark der Glaube jener ist, die das Vorurteil teilen. Haben Juden nicht doch einen anderen Charakter? Verehren Muslime nicht doch heimlich islamistische Terroristen? Sind Arbeitslose nicht doch selbst schuld an ihrer Lage? Spielen Frauen nicht doch um Ellen schlechter Fußball als Männer? Wir müssen die Vorurteile nicht teilen und kennen sie doch. Jene, die Vorurteile glauben und in die Welt setzen, wenden oft ein, dass es Urteile und keine Vorurteile sind, spätestens dann, wenn sie erwischt werden und das Vorurteil dem Konsens widerspricht.

Es stimmt natürlich, dass nicht alle Sätze über andere Vorurteile sind. Dass Juden eine andere religiöse Vorstellung haben als Christen, ist zunächst kein Vorurteil. Man muss als Christ nicht einmal die religiösen Vorstellungen und Praktiken anderer mögen. Auch nicht jede Zuschreibung eines Merkmals zu einer Gruppe ist ein Vorurteil. Es wäre ebenso Unsinn, zu sagen, dass die Behauptung von Unterschieden allein ein Vorurteil ist. Der Sport lebt von der Gegnerschaft, der Differenz. Die Gegnerschaft ist ritualisiert, in manchen Sportarten geradezu notwendig. Aber diese Differenz, die Gegnerschaft, ist Konsens, soll auf dem Platz, im Ring, auf dem Feld verbleiben, und am Ende des Wettkampfes gehört der gegenseitige Respekt ebenso zum Ritual. Im Theaterstück „Juller" ist die Gegnerschaft zwischen Deutschland und Holland Teil des Sports. Das aber kann missverstanden und missbraucht werden. Das Vorurteil kann in die Gegnerschaft, den Wettbewerb einziehen.

> Aber diese Differenz – die Gegnerschaft – ist Konsens, soll auf dem Platz, im Ring, auf dem Feld verbleiben, und am Ende des Wettkampfes gehört der gegenseitige Respekt ebenso zum Ritual.

Von sozialen Vorurteilen sprechen wir, wenn einer Gruppe oder einer Person verallgemeinernde negative Eigenschaften, Merkmale, Überzeugungen, Emotionen oder Verhaltensabsichten und -weisen zugeschrieben werden, weil sie einer bestimmten Gruppe angehören. Damit wird die Gruppe oder die Person abgewertet, ausgegrenzt oder diskriminiert, also im Vergleich zu ‚uns' als minder- und ungleichwertig markiert. Es geht jenen, die das Vorurteil behaupten, nicht darum, ein Urteil zu bilden, sondern die eigene Gruppe, mit der sich die Vorurteilsträger identifizieren, gegenüber den mit Vorurteilen belegten Gruppen positiv abzusetzen.

Das Vorurteil ist Ausdruck eines Feindschaftsverhältnisses zwischen der *Eigengruppe* – jene, die das Vorurteil glauben und sich zu dieser Gruppe zuge-

Hannes Delto M.A. (Jahrgang 1979) ist wissenschaftlicher Mitarbeiter an der Erziehungswissenschaftlichen Fakultät sowie Leiter der durchgeführten Studien zur gruppenbezogenen Menschenfeindlichkeit im Sport am Institut für Sportpsychologie und Sportpädagogik der Universität Leipzig. Er promoviert zum Thema Vorurteile und gruppenbezogene Menschenfeindlichkeit im Sport.

hörig fühlen – und der Zielgruppe des Vorurteils, der *Außen- oder Fremdgruppe*. Es kommt zustande, weil die Eigengruppe positiv, das heißt überlegen gegenüber der Zielgruppe, abgegrenzt werden soll. Das Vorurteil kann offen und direkt oder auch subtil und versteckt die Ungleichwertigkeit der Fremdgruppe behaupten. Auch die Zuschreibung von scheinbar positiven Merkmalen, die die Eigen- von der Fremdgruppe unterscheiden, kann zur Abwertung der anderen führen. Subtile Formen des Sexismus, wie zum Beispiel die Meinung, Frauen könnten sich besser um Haushalt und Kinder kümmern und gehörten daher eher in die Küche als Männer, können dazu herangezogen werden, um Frauen die Gleichwertigkeit und -stellung zu verweigern. Auch die positiv anmutende Meinung, Juden seien klüger, kann sich als Vorurteil entpuppen, wenn sie der Vorsatz zum offenen oder versteckten Vorurteil ist, Juden seien verschlagen und hinterhältig, und daher müsse man ihnen misstrauen.

Mit dem Theaterstück „Juller" werden einige dieser subtilen Mechanismen der Abwertung auf die Bühne gebracht, und vielleicht vermag es das Stück damit, dem Vorurteil seine Kraft zu nehmen, eben die anderen abzuwerten und als nicht gleichwertig darzustellen. Zumindest aber kann es den Versuch unternehmen, die Kraft des Vorurteils zu brechen. Gesellschaften und ihre Institutionen, Vereine und Gruppen sind am stärksten anfällig dafür, demokratische Prinzipien aufzugeben, wenn soziale Vorurteile zur Norm werden. Die Normalisierung der Ungleichwertigkeit unterhöhlt Demokratie, weil sie unmerklich verläuft. Wir fallen dann Vorurteilen anheim, wenn in

> **Vielleicht vermag es das Theaterstück, dem Vorurteil seine Kraft zu nehmen.**

unserer Umwelt das Vorurteil als Wahrheit, als Norm erscheint, geglaubt wird und sozialer Druck ausgeübt wird, wenn wir der Meinung widersprechen.

Dies wiederum ist dann wahrscheinlicher, wenn soziale Vorurteile wichtige Funktionen für Menschen und Gruppen erfüllen. Das Schauspiel „Juller" erzählt auch diese Geschichte. Wenn soziale Vorurteile Zugehörigkeit verschaffen, die Welt erklären, wenn wir merken, dass wir damit Kontrolle und Einfluss nehmen können, wenn die Abwertung anderer den Selbstwert steigert und das Vorurteil Vertrauen erzeugt, indem es Misstrauen schürt, dann steigt die Wahrscheinlichkeit, dass Menschen in ihren Bezugsgruppen das Vorurteil zunehmend zur Norm werden lassen. Oder sogar die Vorurteile in ihre Regeln, Richtlinien, Strukturen und Rechtsvorstellungen einfließen lassen, wenn also das Vorurteil gar keine Zustimmung mehr benötigt, weil es Recht und Gesetz wird. Rassismus führt zu Rassegesetzen, und diese erhalten den Rassismus.

Dabei entsteht das Vorurteil nicht allein in den gemeinsamen Köpfen von Gruppen. Krisenzustände in der Umwelt, Unsicherheiten oder autoritäre Strukturen erhöhen die Wahrscheinlichkeit des Vorurteils. Als am 14. Februar 2016 Clausnitzer Bürgerinnen und Bürger einen Bus von Geflüchteten aufhielten, damit die aus dem Krieg geflüchteten Männer, Frauen und Kinder nicht aussteigen, skandierten sie in dem Moment, wo ein Polizist einen Jungen greift, um ihn aus dem Bus zu zerren: „Wir sind das Volk." Begründet wird das Vorrecht der Alteingesessenen mit Vorurteilen, mit generalisierten negativen Meinungen über jene, zu denen man den Kontakt vermeidet und die man durch die Behörden wegschaffen lässt.

Vereint im Verein

Gruppen sind anfällig, dem sozialen Vorurteil Raum zu geben, wenn das Vorurteil Zusammenhalt und Identität verschafft. Sie sind genauso bedeutsam für das Gegenteil, also die Prävention gegen Vorurteile, wenn Gruppen ihren Zusammenhalt und ihre Identität auf Toleranz und die Förderung von Demokratie und Vielfalt gründen. Genau darin kommt Vereinen als organisierte Gruppe eine besondere Rolle zu. Sie schaffen und stabilisieren demokratische Gesellschaften, gerade weil diese auf dem Zusammenschluss von Vereinen basieren. Die bundesrepublikanische Gesellschaft ist ein Paradebeispiel für eine Demokratie, die darauf basiert, dass Bürgerinnen und Bürger nicht nur regierende

Prof. Dr. Andreas Zick (Jahrgang 1962) ist Direktor des Instituts für interdisziplinäre Konflikt- und Gewaltforschung sowie Professor für Sozialisation und Konfliktforschung an der Fakultät für Erziehungswissenschaft der Universität Bielefeld. Er hat über Vorurteile und Rassismus promoviert und über die Psychologie der Akkulturation habilitiert. Er forscht seit mehr als 30 Jahren zum Thema Vorurteile.

Gruppen, eben Parteien wählen, damit diese ihre Stimme repräsentieren, sondern Bürgerinnen und Bürger sich auch und gerade in Vereinen organisieren können, um ihre Interessen und Identitäten zu organisieren.

Sportvereine besitzen dabei einen ganz besonderen Stellenwert, denn sie organisieren nicht nur einfach die Idee, gemeinsam Sport zu treiben. Der Sport wird als ein durch die Demokratie geschütztes Recht aufgefasst, und Sportvereine müssen mehr sein als Orte der eigenen Selbstoptimierung. Sie müssen demokratisch sein, was außerdem heißt, Gesetze nicht nur zu befolgen, sondern auch zur Anrechnung ihrer Gemeinnützigkeit und zur Realisierung von Grundrechten beizutragen. Klingt kompliziert, ist aber ziemlich demokratisch, denn das ist das Prinzip der Gemeinnützigkeit, das dem Prinzip der Grund- und Menschenrechte unterliegt.

Vor diesem Hintergrund kommt den Vereinen – mit Blick auf das Stück „Juller" bleiben wir beim Sportverein – eine hohe Bedeutung zu, wofür sie einerseits gefördert werden, andererseits aber auch gefährdet sind. Vereine sollten integrativ und demokratisch sein, neigen aber als homogene Gruppe auch zur „Vereinsmeierei" und Aufrechterhaltung von Distanzen und Differenzen **Vereine sollten integrativ und demokratisch sein.** zu Personen und Gruppen, die ihre Mitglieder ablehnen. Im Verein realisiert sich Gesellschaft, und im besten Falle ist der Verein das Tor zur Integration seiner Mitglieder und zur Demokratie. Im schlechtesten Falle organisieren und realisieren sich im Verein die menschenfeindlichen Vorurteile und Diskriminierungen, die die Mitglieder hineintragen oder für die die Mitglieder den Verein erst gründen. Im Nationalsozialismus war das gut sichtbar. In der Aufführung

erklärt Juller: *„Endzweck des deutschen Sports / War und ist die Wehrhaftma-
chung unseres Volkes / Mit anderen Worten / Der Fußball war nur ein Vor-
spiel / Bombenschüsse Sturmläufe scharfe Flanken."*

Auch deshalb war die Entwicklung der Vereine und in vorderster Reihe der
Sportvereine nach dem Zweiten Weltkrieg ein Versuch der Demokratisierung
der Gesellschaft und der Integration von Menschen in die Gesellschaft. Und
in der heutigen modernen Gesellschaft kommt dem Sportverein nicht nur eine
besondere Funktion bei der Demokratisierung zu, sondern auch bei der Ver-
mittlung von Werten, Normen, Orientierungen und im Erlernen von Kompetenzen, mit kritischen Umständen umzugehen. Moderne Gesellschaften wie
die BRD sind auf das Individuum und dessen Leistungsfähigkeit ausgerich-
tet. Sie verlangen von den einzelnen Mitgliedern, selbst und allein durch eine
von Marktgesetzen geprägte Gesellschaft zu kommen. Umso mehr bieten Vereine Alternativen und Möglichkeiten der Vergemeinschaftung, wo sie in klassischen Institutionen wie Familie, Schule oder Beruf nicht möglich sind.

Demokratie als sportliche Angelegenheit?!

Der Sport hat vor diesem Hintergrund heute ganz besondere Bindungskräfte,
die im ersten Moment geradezu konkurrenzlos erscheinen. Sportvereine erreichen mittlerweile weite Kreise der Gesellschaft. Bundesweit gibt es rund 24 Millionen Mitgliedschaften in mehr als 90.000 Sportvereinen. Sportvereine werden
damit noch stärker zu Trägern der Gesellschaft. Damit aber geht – auch mit
dem Blick auf die oben genannten Vorurteile und Diskriminierungen – eine
gesellschaftliche Verantwortung einher, wenn die Vereine Freude am Sport
und an der Bewegung fördern und Menschen den Zugang zum Sport garantie-
ren sollen. Der Sportverein ermöglicht durch gemeinsames Sporttreiben Kontakte und Begegnungen zwischen Menschen unterschiedlicher Herkunft, Religion, Hautfarbe oder sexueller Orientierung. Aus diesen Begegnungen können
wiederum positive soziale Beziehungen und Freundschaften entstehen, sodass
einst Fremdes zu Bekanntem werden und an die Stelle von Verunsicherung
oder Bedrohung Sicherheit und Vertrautheit treten kann (so wie etwa am Beispiel des SV Lindenau ab Seite 57 geschildert). Stehen gemeinsame Interessen
und Menschlichkeit im Vordergrund, kann Sport Zugehörigkeit schaffen und
Gemeinsinn stiften. Insofern hat der Sport ein enormes Potenzial, ethnische

und soziale Grenzen zu überwinden und zur Realisierung von Grundrechten und Menschenrechten beizutragen, das heißt: zur Realisierung der Gleichwertigkeit von Menschen und Gruppen. Sportvereine sind Orte der Möglichkeit von Gleichwertigkeit, nicht nur, aber in besonderer Weise. Diese Form der Integrationsarbeit findet aber nicht nebenbei statt, sie muss ganz bewusst verfolgt werden und eine breite Unterstützung innerhalb und außerhalb der Sportvereine finden.

Um die positiven Wirkungen von Sportvereinen zu entfalten, müssen andere Wirkungen in Grenzen gehalten werden. Sportvereine können auch Gegenorte zu einer auf Demokratie und Toleranz orientierten Gesellschaft sein. Begegnungen im Sport konzentrieren sich auch heute noch allzu oft auf nationale wie internationale Wettkampf- und Wettbewerbssituationen, die Missverständnisse oder Irritationen zwischen Menschen auch unterschiedlicher Nationen hervorbringen können.

Die sozialen Vorurteile trachten danach, die Anderen als schlechter, minderwertiger, eben ungleichwertig zu markieren.

Durch Rivalitäten finden genau jene sozialen Vorurteile eine Basis, und zugleich bahnen sich Abgrenzungen in Form von ‚Wir' und ‚die Anderen' einen Weg. Die sozialen Vorurteile trachten danach, die Anderen als schlechter, minderwertiger, eben ungleichwertig zu markieren. Letztendlich können Sportvereine oder Gruppen innerhalb eines Vereins Orte der Eingrenzung sein, die auf Ausgrenzung basiert. Die sozialen Vorurteile, die dann zu hören sind, erklären und legitimieren im Sport wie in anderen gesellschaftlichen Bereichen Abwertungen.

Wenn wir die Linse auf den Sport im Verein in der Gesellschaft noch enger und schärfer auf die einzelnen Individuen stellen, dann fällt auf, dass der Körper in der sportlichen Praxis eine entscheidende Rolle spielt. Denn körperliche Eigenheiten können nicht nur Bewunderung, sondern auch negative Gefühle wie Angst oder Abscheu hervorrufen. Noch heute wird beharrlich von stereotypen Körperbildern ausgegangen, die kaum hinterfragt werden: Unterschiedliche Sportkompetenzen, Bewegungsstile und Leistungsfähigkeit werden oftmals auf die Natur der Sportlerinnen und Sportler zurückgeführt, die angeboren zu sein scheinen. Solche Vorstellungen können eine rassistische Wendung nehmen, wenn *Art*, *Blut* oder *Rasse* ins Spiel kommen. Das Schicksal von Julius Hirsch steht hier beispielhaft für die Gruppe der Jüdinnen und Juden im Sport, die im Nationalsozialismus in den 1930er Jahren erst von Sportverbänden ausgegrenzt, dann dehumanisiert und schließlich ermordet wurden.

24,3%

„Homosexuelle sind in meinem
Sportverein nicht willkommen."

34,1%

„Durch die vielen Muslime hier fühle
ich mich manchmal wie ein Fremder
im eigenen Land."

51,8%

„Schwarze sind von Natur
aus sportbegabt."

52,6%

„Es leben zu viele Zuwanderer
in Deutschland."

Beispiel-Ergebnisse aus der Studie „Wir und die Anderen": Mit diesen Aussagen wurden unter anderem die Zustimmungen für muslimfeindliche, homophobe, rassistische und fremdenfeindliche Vorurteile messbar gemacht. Zudem wurden Antisemitismus, Sexismus sowie die Abwertung von Menschen mit Behinderung erfasst. Jedes dieser sozialen Vorurteile wurde anhand von zwei bis vier solcher Aussagen gemessen.

Sportvereine unterliegen damit gleichzeitig denselben Kriterien, die eine demokratisch verfasste Gesellschaft auch an ihre anderen Institutionen anlegt. Sie müssen sich immer wieder die Frage stellen, inwieweit sie vom Prinzip der Gleichwertigkeit getragen werden oder sie und ihre Mitglieder zur Ungleichwertigkeit beitragen, indem sie zum Beispiel sozialen Vorurteilen gegenüber Minderheiten Raum bieten.

Im Vereinssport sind Vorurteile am schönsten?!

Sportvereine sind immer anfällig für Intoleranz, die letztendlich dazu dient, Diskriminierung zu befördern. Dass sie weniger integrativ und inklusiv sind, als ihre Potenziale es zuließen, ist allein an der Mitgliederstruktur zu erkennen. Dass soziale Gruppen wie Migrantinnen und Migranten, Jüdinnen und Juden, homosexuelle Menschen oder Frauen weniger am Sport teilhaben und diskriminiert werden, lässt sich beobachten.

Schwieriger zu messen sind dagegen Wahrnehmungen, Meinungen und Einstellungen der Sportvereinsmitglieder, also deren soziale Vorurteile, die schließlich einfache Mitgliedschaftsregeln unterlaufen und überall dort als normal wahrgenommen werden, wo sie verbreitet sind.

In einer größer angelegten Studie hat die Sportsoziologie der Universität Leipzig unter der Projektleitung von Dr. Petra Tzschoppe von 2012 bis 2014 insgesamt rund 5.000 Mitglieder aus 507 Sportvereinen und circa 40 verschiedenen Sportarten in Brandenburg, Sachsen-Anhalt und Sachsen zu ihren sozialen Vorurteilen befragt. Diese Feindseligkeiten haben wir nach den gleichen Prinzipien und mit jeweils zwei bis vier Aussagen erfasst. Die Ergebnisse zeigen zwei Seiten einer Medaille.

„Es leben zu viele Zuwanderer in Deutschland." Dieser fremdenfeindlichen Ansicht sind etwas mehr als die Hälfte der befragten Sportlerinnen und Sportler in den drei Bundesländern. Der rassistischen Aussage „Schwarze sind von Natur aus sportbegabt" stimmen ebenfalls mehr als 50 % der Befragten zu. Rund 34 % der Sportvereinsangehörigen meinen, dass sie sich durch die vielen Muslime hier manchmal fremd im eigenen Land fühlen. Dass Menschen, weil sie homosexuell sind, im eigenen Sportverein nicht willkommen sind, befürwortet fast ein Viertel der Befragten. Beispielaussagen für homophobe, muslim- und fremdenfeindliche sowie rassistische Vorurteile, die hinsichtlich ihrer Ausprägung insgesamt vorrangig handlungsrelevant im Sport sind. Dagegen sind soziale Vorurteile gegenüber Menschen mit Behinderung und traditioneller Sexismus, der Frauen auf die Rolle der Ehefrau, Hausfrau und Karrierefrau fixiert, auf einem vergleichsweise niedrigen Niveau. Komplexe statistische Modelle machen deutlich, dass die von uns untersuchten sozialen Vorurteile eng miteinander verbunden sind und auch im Gesellschaftsbereich Sport ein Syndrom der gruppenbezogenen Menschenfeindlichkeit bilden. Wer also einem Vorurteil zustimmt, befürwortet tendenziell weitere Vorurteile.

Wer also einem Vorurteil zustimmt, befürwortet tendenziell weitere Vorurteile.

Ein Juller hätte es auch heute noch nicht leicht

So hängt das von uns im Vereinssport vorrangig gemessene offene soziale Vorurteil gegenüber Menschen, weil sie Jüdinnen und Juden sind, also der sogenannte klassische beziehungsweise traditionelle Antisemitismus, besonders eng mit Rassismus sowie Fremden- und Muslimfeindlichkeit zusammen. Klassischer

Antisemitismus ist im Sport relativ konstant auf einem eher niedrigen Niveau ausgeprägt. Rund 12 % der Sportlerinnen und Sportler in den drei Bundesländern stimmen der antisemitischen Aussage zu, Juden hätten in Deutschland zu viel Einfluss. Und 13 % befürworten die Meinung, die Juden seien durch ihr Verhalten mitschuld an ihrer Verfolgung. Ähnliche Zustimmungswerte zu dieser Facette des Antisemitismus lassen sich auch außerhalb des Sports feststellen.

In den Bundesländern Sachsen-Anhalt und Brandenburg haben wir zusätzlich Aussagen zum sogenannten sekundären und israelbezogenen Antisemitismus erfasst. Das sind eher subtile Facetten des Antisemitismus, die versuchen, die Ächtung des klassischen Antisemitismus zu umgehen. Ausdruck des israelbezogenen Antisemitismus ist etwa die Meinung, Israel führe einen Vernichtungskrieg gegen die Palästinenser. Der Begriff „Vernichtungskrieg" wird vom Nationalsozialismus auf Israel transportiert. Knapp die Hälfte der Befragten stimmt dem zu. Die Meinung, Juden versuchten, aus ihrer Verfolgung im Dritten Reich einen Vorteil zu ziehen, ist ein Beispiel für einen sekundären Antisemitismus. Er verkehrt Täter und Opfer. Rund 28 % stimmen der Aussage eher sowie voll und ganz zu. Die Zustimmungen zu diesen beiden Facetten sind im Sport auf einem deutlich höheren Niveau als die Befürwortung des klassischen Antisemitismus. Die Zustimmungswerte im Sport unterscheiden sich insgesamt kaum von denen außerhalb des Sports.

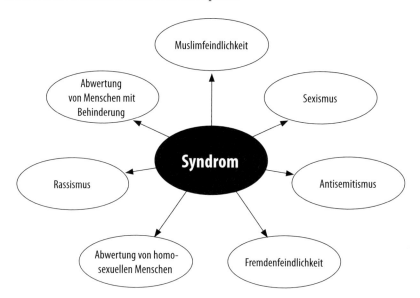

Gehen wir genauer der Frage nach, welche Faktoren die sozialen Vorurteile im organisierten Sport erklären, dann lassen sich einige zentrale Ursachen finden. Vorurteile hängen unter anderem mit der Bildung und dem Alter der Befragten zusammen. So ist die Zustimmung zu Vorurteilen – mit Ausnahme der Abwertung von Menschen mit Behinderung – umso höher, je niedriger die formale Schulbildung ist. Das hat aber weniger mit der Intelligenz als vielmehr damit zu tun, was Menschen in ihrer Schulzeit lernen. Auch das Lebensalter hat in den drei untersuchten Bundesländern einen Einfluss. Je älter die befragten Sporttreibenden sind, desto eher teilen sie rassistische und homophobe Mentalitäten. Dieser Alterseffekt ist aber nicht einfach darauf zurückzuführen, dass Menschen mit dem Alter konservativer werden. Beim Sexismus ist es genau umgekehrt. Für soziale Vorurteile ist es bedeutsam, in welchem sozialen Kontext Menschen leben. Wir können einige regionale Unterschiede beobachten, die insbesondere für die Bundesländer Sachsen und Brandenburg zutreffen. Diejenigen Befragten, die ihren Sport in kleineren Gemeinden oder in ländlichen Regionen ausüben, neigen viel eher zu muslimfeindlichen, rassistischen und homophoben Abwertungen. Hingegen lässt sich eine unterschiedliche Ausprägung von Vorurteilen nach Sportarten – wie oft pauschal vermutet – anhand unserer Daten weniger belegen. Vielmehr spielen Gewaltbilligung, Nationalismus, Demokratiekritik und Autoritarismus eine Rolle. Sie beeinflussen soziale Vorurteile im Sport deutlich.

Bunter Sport braucht offene Vereine!

Die Sicht auf die Frage der Abwertungen und Ausgrenzungen ist ein Blick auf die Schattenseiten. Dieser ist nötig und wertvoll, denn gerade der Sport weiß: Ein Team ist nur so gut wie sein schwächstes Glied. Das soziale Vorurteil kennzeichnet hinsichtlich demokratischer Qualität unzweifelhaft Schwäche. Sickert das Vorurteil ein, neigt es dazu, sich festzusetzen und eine eigene Wirklichkeit zu bilden. Wir alle wissen, was es bedeutet, einen Makel zu haben, der durch ein Vorurteil entsteht.

Mit dem Blick auf die schwachen Glieder kann der Fokus auch auf die starken Kettenglieder gerichtet werden, die das Vorurteil klein- oder raushalten. Werte wie Fairplay, Solidarität und Toleranz sind in Sportvereinen wichtiger Bestandteil der Vereinsphilosophie. Unter bestimmten Voraussetzungen haben diese Werte auch Einfluss auf die sozialen Vorurteile. Ähnlich verhält es sich mit einer positiven Einstellung zur kulturellen und sozialen Vielfalt allgemein in einem Land und speziell in einem Sportverein. Je eher die Sportvereinsmitglieder den Werten oder der kulturellen und sozialen Vielfalt zustimmen, desto weniger neigen sie zu feindlichen Einstellungen. Hierin besteht eine Chance, dass durch die informellen Bildungsprozesse des Sports soziale Kompetenzen stärker gefördert werden. Werden Menschlichkeit, Wertschätzung und Vielfalt in Sportvereinen selbstverständlich, dann kann der Sport sein zweifelsfrei vorhandenes Integrationspotenzial viel besser ausspielen. Dafür ist allerdings auch die Anerkennung und Unterstützung der Sportverbände und -organisationen notwendig.

Juller: *„Für Personen, Initiativen und Vereine / Die sich als Aktive auf dem Fußballplatz / Als Fans im Stadion im Verein und in der Gesellschaft / Beispielhaft unübersehbarer einsetzen / Für die Unverletzbarkeit der Würde des Menschen / Und gegen Antisemitismus und Rassismus / Für Verständigung und Ausgrenzung von Menschen / Für die Vielfalt aller Menschen / Und gegen Gewalt und Fremdenfeindlichkeit.“*

„Vorurteilen keinen Raum geben"

Interview mit Hannes Delto, Leiter der Studien zu sozialen Vorurteilen und Diskriminierungen in Sportvereinen

Herr Delto, Sie haben über 5.000 Mitglieder von Sportvereinen in Sachsen, Sachsen-Anhalt und Brandenburg hinsichtlich ihrer Einstellung zu Diskriminierung befragt. Warum?
Hannes Delto: Wir wissen, dass Diskriminierungen im Sport – in bestimmten und vor allem medial präsenteren Sportarten, regionalen Bereichen oder bei Zuschauern und Fans – vorhanden sind. Wir wussten jedoch nicht, wie ausgeprägt die hinter Diskriminierungen stehenden sozialen Vorurteile bei Sportlerinnen und Sportlern selbst sind. Die Überlegung war also, Untersuchungsergebnisse zu liefern, um dann ganz konkret im organisierten Sport ansetzen zu können. Zum Beispiel bei der Fortbildung von Multiplikatoren.

Was sind Ihre zentralen Aussagen – auch im Vergleich zwischen Sport und Gesamtgesellschaft? Durch die Studie können wir erstmals Aussagen darüber treffen, wie ausgeprägt soziale Vorurteile im Vereinssport sind. Wir beobachten, dass Vorurteile im Sport genau wie in anderen gesellschaftlichen Bereichen einen gemeinsamen Kern der Ungleichwertigkeit teilen, den wir als Syndrom der gruppenbezogenen Menschenfeindlichkeit bezeichnen. Zwar sind die vorliegenden Studien nur bedingt mit anderen außerhalb des Sports vergleichbar, aber es lässt sich zumindest so viel sagen: Einzelne Aussagen, mit denen wir die sozialen Vorurteile messbar gemacht haben, sind im Sport ähnlich ausgeprägt wie außerhalb des Sports.

Nämlich wie? Von den Vorurteilsdimensionen stechen Muslimfeindlichkeit, Homophobie, Rassismus und Fremdenfeindlichkeit hervor. Sie sind im Sport ebenso wie in der Gesamtgesellschaft ausgeprägter als etwa klassischer Antisemitismus und offener Sexismus. Auf der anderen Seite stellen wir jedoch fest, dass sich diese Dimensionen weniger als offene Vorurteile, sondern in subtiler Form zeigen; wenn es etwa um die Gleichstellungen von Mann und Frau geht, oder um sekundären und israelbezogenen Antisemitismus.

Sie haben die Befragungen von 2012 bis 2014 durchgeführt, als die sogenannte Flüchtlingskrise erst noch bevorstand. Wie hätte das die Studie beeinflusst? Gerade bei sensitiven Fragen neigen Befragte dazu, auch einer sozialen Norm zu entsprechen. Im Fall von sozialen Vorurteilen sprechen wir auch von einem Underreporting. Durch dieses sozial erwünschte Antwortverhalten ist davon auszugehen, dass mit dem Flüchtlingsthema etwa die Tendenz zu Fremdenfeindlichkeit, Rassismus oder Muslimfeindlichkeit zugenommen hat. Das Thema Geflüchtete hat zwar eine sogenannte Willkommenskultur hervorgebracht und einen Teil der Gesellschaft stark positiv mobilisiert. Aber es sind dadurch auch Normen in der Gesellschaft geradezu weggebrochen, getreu dem Motto: Das man das eine oder andere wieder sagen könne. Das gefährdet aber den Zusammenhalt im Sport und in der Gesellschaft.

Sie haben viele Vereine besucht. Wie haben die Verantwortlichen und Mitglieder auf Ihre Fragen reagiert? Die Rückmeldungen von den Vereinen und den Teilnehmenden an der Studie war meist positiv. Das betrifft die Zustimmung, sich überhaupt erst mal befragen zu lassen, ebenso wie beispielsweise das Interesse an den Ergebnissen der Studie. Die Befragung hat durch gut geschulte Interviewer in der Regel vor dem Training in einem standardisierten Verfahren stattgefunden. Es gab nur wenige Personen, die nicht an der freiwilligen Befragung teilnehmen wollten.

Die Studien wurden insgesamt mit rund 320.000 Euro aus dem Bundesprogramm Zusammenhalt durch Teilhabe durch das Bundesministerium des

Innern finanziert, schlummerten aber bisher auf einem **Wissenschaftsser-**
ver. Wieso wurden die Ergebnisse bislang nicht öffentlichkeitswirksam vorge-
stellt oder publiziert? Sagen wir mal so: Die Landessportbünde haben ganz unterschiedliche Strategien gewählt. Im LSB Sachen etwa hat eine Ergebnispräsentation
in einer Präsidiumssitzung stattgefunden (das LSB-Präsidium hat 14 Mitglieder,
Anm. d. Autors). In Brandenburg und Sachsen-Anhalt haben die Präsidenten der
Landessportbünde ein Vorwort zu den Abschlussberichten beigesteuert. Generell
lässt das hinsichtlich der Veröffentlichungsstrategie natürlich Fragen offen.

    Welche Botschaft sendet Ihre Studie an den organisierten Sport? Auch
im Sport sollte auf den verschiedenen Ebenen ein vorurteilsbewusster Umgang
stattfinden. Es geht um die Aufklärung über soziale Vorurteile, was Vorurteile
mit Menschen machen, die als Mitglied einer sozialen oder kulturellen Gruppe
markiert werden, also davon betroffen sind: nämlich Ausgrenzung, weil Sporttrei-
bende aufgrund ihnen zugeschriebener Merkmale Diskriminierungen erfahren.
Der Sport hat hier enorme Chancen, auch weil er viele Menschen über den Sport
erreicht und die Akteure gut durch Aus- und Fortbildungen sensibilisieren kann.

    Woran denken Sie konkret? Zum Beispiel an die Bildungspotenziale des
organisierten Vereinssports innerhalb der Aus- und Fortbildung: bei Übungsleiter-
oder Schiedsrichterlehrgängen oder im Nachwuchsbereich, wo Themen wie Hete-
rogenität und Diversität im Sport auch immer wieder Bestandteile sein sollten.
Auch bei Mitgliederversammlungen kann das Thema in den Vereinen gut plat-
ziert werden. Und die Trainerinnen und Trainer können auch einen Teil ihrer Trai-
ningseinheit dafür verwenden, um etwa über Integration und Diskriminierung zu
sprechen, denn der moderne Sport als Teil der Gesellschaft hat eine gesellschaftliche Verantwortung, gerade wenn der gesellschaftliche Zusammenhalt gefährdet
ist. Das kann für eine vorurteilsbewustere Atmosphäre und Vereinskultur sorgen.
Wenn sich zum Beispiel jemand durch einen flapsigen Spruch oder Witz, womit es
ja meist beginnt, diskriminierend äußert, können sensibilisierte Personen unmit-
telbar intervenieren, um dem Vorurteil keinen Raum zu geben.

    Muss angesichts der Untersuchungsergebnisse, die pauschale
Zuschreibung, dass Sport per se integrativ wirkt, relativiert werden? Wir
sprechen vielmehr von Integrationspotenzialen im Sport und in den Sport. Wir
wissen, wie ausgeprägt Vorurteile sind, und dass sie Integration hemmen. Es
braucht – das ist meine Forderung als Wissenschaftler – ein stetiges Monitoring
zu sozialen Vorurteilen im Sport, um regelmäßig festzustellen, wie viel Integration der Sport leisten kann.

Freigelaufen

Wie Marcus Urban vom Versteckspieler
zum Vorreiter für Vielfalt wurde

K napp zehn Jahre nach dem medialen Coming-out des schwulen Fußballers Marcus Urban ist Homosexualität im Profifußball noch immer ein Tabu – „wie eine unsichtbare Mauer, die nicht fallen will", sagt er. Inzwischen hat der 46-Jährige das Engagement für Vielfalt in Sport und Gesellschaft zu seiner Lebensaufgabe gemacht.

Berlin – Marcus Urban kommt mit Basecap und azurblauer Trainingsjacke zum vereinbarten Treffpunkt nahe dem Nollendorfplatz in Berlin-Schöneberg, schon seit den 1920er Jahren Zentrum und Anlaufpunkt für homosexuelle Kreative in Berlin. Auf Jacke und Trainingshose ist das weiße „N" aufgenäht, Logo des SSC Neapel, der Stadt, in der Urban Anfang der 1990er Jahre lebte, um der damaligen Enge seiner Heimat Thüringen zu entfliehen. Vor dem bei Schwulen und Lesben beliebten Café Berio sind die Tische an diesem Samstagmittag eng besetzt, die Unterhaltungen lebendig, drinnen ist es zu dunkel und stickig für ein offenes Gespräch. Marcus Urban lädt kurzentschlossen auf die Dachterrasse seines Wohnhauses ganz in der Nähe ein. Die Bewohner haben das Flachdach des Mietshauses mit zahllosen Pflanzen in eine grüne Oase inmitten von Schöneberg verwandelt – inklusive 360-Grad-Blick über die Dächer Berlins. Die Vögel zwitschern. Der richtige Ort, um über die vergangenen knapp zehn Jahre zu sprechen, in denen der einstige „Versteckspieler" Urban zur öffentlichen Person wurde und seither nicht nur für die Akzeptanz von Homosexualität im Sport eintritt, sondern das Engagement für Vielfalt in allen Gesellschaftsbereichen zu seiner Lebensaufgabe gemacht hat.

2008 hatte sich Urban als erster ehemaliger Fußballer offen zu seiner Homosexualität bekannt. In dem Buch *Versteckspieler* (erschienen im Verlag Die Werkstatt) beschreibt der Journalist Ronny Blaschke, wie der einstige Nach-

Flagge zeigen für Vielfalt: „Das Spielfeld hat sich vom Fussballplatz auf den gesellschaftlichen Raum verlagert", sagt Marcus Urban.

wuchsnationalspieler und angehende Zweitligaspieler von Rot-Weiß Erfurt seine Sexualität jahrelang verstecken musste, seine Karriere beendete und sich in den Jahren danach mühsam selbst befreite. Auch mithilfe des mutigen Buches.

Versteckspieler traf damals einen gesellschaftlichen Nerv. Urban war plötzlich medial präsent, die Leute erkannten ihn auf der Straße. „Ich war mir über meine Rolle von Anfang an im Klaren", sagt er heute. Natürlich war er unsicher, wie sein Coming-out aufgenommen werden würde. Heute weiß er: „Es hat sich total gelohnt, das war von Beginn an spürbar" Und: „Es war auch für mich selbst eine tolle Verarbeitung." Auch wegen der Anerkennung, die ihm jahrelang versagt geblieben war und die er nun erfuhr. In einer Mail schrieb damals ein Leser: „Du bist zwar kein Profifußballer geworden, aber ein Profimensch." Als Urban das las, brachen die Tränen regelrecht aus ihm heraus. Andere Leser vermittelten ihm, dass das Buch schon fast eine Art Lebensrettung für sie gewesen sei. Eine größere Wirkung können geschriebene Worte wohl nicht hervorrufen. Urban erkannte: „Das Spielfeld hat sich vom Fußballplatz auf den gesellschaftlichen Raum verlagert." Und es fühlte sich gut an.

Als das Buch erschien, arbeitete er in einem Atelier für Künstler mit Behinderung. Weil er spürte, welch gewaltigen Beratungs- und Aufklärungsbedarf es beim Thema Homosexualität im Sport – vor allem im Fußball – gab, machte er dies als freier Diversity-Berater und -Coach zum Beruf. Urban, Jahrgang 1971, berichtete in Workshops und Vorträgen über seine Erfahrungen, ist Mitbegründer des Projekts „Fußball gegen Homophobie", heute „Fußball für Vielfalt", sowie der Bundesstiftung Magnus Hirschfeld und war als Experte und strategischer Berater für den Sportausschuss des Deutschen Bundestages tätig.

Anonymes Coming-out

2012 hatte ein anonymer Profi dem *fluter* (Jugendmagazin der Bundeszentrale für politische Bildung) geschildert, wie es sich als schwuler Berufsfußballer lebt. „Ich muss täglich den Schauspieler geben und mich selbst verleugnen", sagte er in dem Interview. „Am Anfang war es ein großes Spiel und kein Problem, doch mit der Zeit zehrt es sehr an mir. Ich weiß nicht, ob ich den ständigen Druck zwischen dem heterosexuellen Vorzeigespieler und der möglichen Entdeckung noch bis zum Ende meiner Karriere aushalten kann." Das Echo war so gewaltig, dass selbst Bundeskanzlerin Angela Merkel sich dazu äußerte. „Er lebt in einem Land, in dem er sich vor einem Outing nicht fürchten muss. Wir können nur das Signal geben, dass er keine Angst haben muss", sagte Merkel vor einem Integrations-Spieltag im Herbst 2012 in Richtung des anonymen Spielers. Auch die Offiziellen der Verbände und einiger Vereine äußerten sich.

Heute sagt Urban: „Das war eine lobenswerte Formulierung der Bundeskanzlerin, aber offensichtlich hat das noch immer nichts mit der Realität zu tun." Denn auch nach dem Coming-out von Ex-Nationalspieler Thomas Hitzlsperger im Januar 2014 traute sich kein aktiver schwuler Profi an die Öffentlichkeit. Noch immer scheint die Furcht vor der Ächtung durch Kollegen und Fans, dem medialen Gewitter sowie die Peinlichkeit, das Geheimnis nach Jahren des Leugnens zu lüften, zu stark zu sein. Auch Urban würde sich wünschen, wenn mehr Lesben und Schwule zu ihrer Sexualität stehen

Angela Merkel: „Nicht vor Outing fürchten." – Urban: „Hat nichts mit der Realität zu tun."

würden. Sein Plan ist, ein sogenanntes *Team Vielfalt* aufzustellen, in dem auch homosexuelle Profis gemeinsam mit prominenten Kickern mit vielfältigen religiösen und regionalen Hintergründen auflaufen, und so ein sogenanntes Gruppen-Outing zu inszenieren. Urban glaubt, dass ein solches Spiel für ein gewaltiges mediales Echo und ein positives Image sorgen könnte. Spieler, die dafür infrage kommen, kennt er genug. Doch eine Mannschaft hat er noch nicht zusammenbekommen; nur zwei Aktive sind bereit, daran teilzunehmen. Und auch ein Geldgeber und Initiator hat sich bislang noch nicht gefunden. Offenbar ist die Zeit auch knapp zehn Jahre nach Urbans mutigem Schritt noch nicht reif dafür.

Warum outet sich kein aktiver Profi?

Dennoch hat er in der vergangenen Dekade durchaus Veränderungen beim Umgang mit dem Thema festgestellt. „Als ich mein mediales Comingout hatte, hieß es noch, es gibt keine schwulen Profifußballer", sagt er. Das glaube heute kaum noch einer. Die Frage laute aktuell eher: „Woran liegt es, dass sich die schwulen Profis nicht outen?"

Urban kennt selbst mehrere homosexuelle Fußballer, darunter auch prominente (Ex-)Kicker, die das Spiel auch nach ihrer Karriere weiterhin mitspielen. „Es ist beeindruckend, dass alle, die damit zu tun haben, dichthalten: Journalisten, Verwandte, Bekannte, ehemalige Partner", sagt er. Nach wie vor beobachtet er „große Beklemmung und Angst – das ist wie eine unsichtbare Mauer, die einfach nicht fallen will". Er würde das Thema zwar gern schneller voranbringen, doch Urban ist weit davon entfernt, die sexuelle Befreiung des Profifußballs mit Vorbildcharakter auf alle gesellschaftlichen Bereiche hierzulande künstlich zu forcieren. Man dürfe das seiner Meinung nach nicht übers Knie brechen. Denn er weiß: Je mehr Druck er aufbauen würde, desto unwahrscheinlicher würde der Schritt an die Öffentlichkeit. Der einst getriebene, von Ehrgeiz bestimmte Nachwuchsfußballer hat gelernt, auf den richtigen Zeitpunkt zu warten. Und andere Perspektiven einzunehmen.

„Man kann auch das Interesse daran infrage stellen", sagt Urban. Dabei müsste den großen Verbänden und Vereinen (DFB, DOSB, DFL, Bundesligaklubs), eigentlich allen, die Verantwortung für eine vielfältige Gesellschaft tragen, an mehr Offenheit gelegen sein. Doch er weiß auch, dass dieser Anspruch nicht immer der Realität entspricht. Gerade im Profifußball behindern monetäre Interessen der Spieler, ihrer Berater und auch der Klubs den Anspruch einer offenen Kultur. Das Spiel heißt laut Urban: „Geschäft gegen Persönlichkeit, Geschäft gegen Freiheit. Unfreiheit wird in Kauf genommen."

Sexuelle Orientierung solle doch bitteschön kein Thema mehr sein, das sei doch nicht so wichtig.

Der einstige Mittelfeldspieler bekomme auch von schwulen Spielern selbst öfter das Argument zu hören, dass ihre Sexualität doch Privatsache sei. Sexuelle Orientierung solle doch bitteschön kein Thema mehr sein, das sei doch nicht so wichtig. Es gehe doch um Leistung. Dem hält Urban entgegen: „Es ist eben keine Privatsache, das ist eine Schutzbehauptung." Denn: „Damit es kein Thema mehr ist, muss es zunächst mal Thema werden." Um Selbstverständlichkeit im Umgang mit dem Thema Homosexualität im Sport herzustellen, hilft es laut Urban nicht, mit Verweis auf eine angeblich aufgeklärte und tolerante Gesellschaft zu schweigen. „Es geht darum, dass man es nicht sagen darf, nicht darum, dass man es nicht sagen kann", argumentiert der gebürtige Weimarer. „Die Spieler selbst verstehe ich. Sie wollen ihre Karrieren und ihre Sponsorenverträge nicht gefährden. Aber ich finde es unfair gegenüber den vielen Kindern und Jugendlichen, den Mitgliedern der Verbände. Es ist ein Fake." An der Auflösung dieses falschen Spiels, des großen Schweigens arbeitet Urban. Für einige ganz offensichtlich zu offensiv und ungeduldig.

„Gegengewicht zu Mobbing und Diskriminierung": Urban über den Dächern Berlins.

2012 wurde Urban als Experte zur Arbeitsgemeinschaft für „Toleranz und Anerkennung, gegen Rassismus und Diskriminierung" (TARD) vom Deutschen Fußball-Bund (DFB) eingeladen. Weil das Thema medial immer präsenter wurde, plante der Verband eine Broschüre zum Umgang mit homosexuellen Spielern.

Als Urban 2013 erstmals öffentlich über den Leitfaden des Verbandes sprach, reagierte der größte Sportverband der Welt wütend und unwirsch. „Es gab Anrufe beim DFB, ob der Verband ein Coming-out vorbereite. Das hat den DFB in Aufregung versetzt", berichtet Urban. Dass er nicht die Medienabteilung eingeschaltet, sondern in Eigenregie über die Planungen gesprochen hatte, nahmen sie ihm in der Zentrale in der Frankfurter Otto-Fleck-Schneise übel. Dabei sei es verabredet gewesen, dass Eckpunkte des Besprochenen veröffentlicht werden dürfen, sagt er. Heute weiß er: „Ich hätte die DFB-Pressestelle einbeziehen sollen, um sicherzugehen." Doch das Missverständnis, dass der DFB Urbans Verhalten als Vorpreschen begriff, war auch mit Gesprächen und Entschuldigungen nicht wiedergutzumachen. „Ich war von da an nicht mehr wohlgelitten beim DFB", sagt er. „Ich hätte mir eine Klärung gewünscht." Aber beim mächtigsten Verband der Welt, der damals seit Kurzem von Wolfgang Niersbach geführt wurde, blieben die Türen verschlossen. Und sind es noch immer.

Das war enttäuschend für Urban, bot aber auch neue Chancen. Er dachte sich: „In anderen Sportarten ist man vielleicht kooperativer als im Fußball." So entstanden Kontakte zu diversen Landessportbünden (LSB), „wo die ein oder andere Tür offener ist als beim DFB". Zum Beispiel in Sachsen-Anhalt und Thüringen, wo er mit den LSBs zusammenarbeitet.

„Verein für Vielfalt in Sport und Gesellschaft"

Und vor allem war es für Urban der Auslöser, selbst eine Organisation zu gründen, weil seitens der Sportverbände DFB, DFL und DOSB offenbar zu wenig
Interesse daran bestand, das Thema zu forcieren. „Von den großen Verbänden
kamen keine Signale, die unsere Sache vorangebracht hätten. Also habe ich mir
gesagt: Dann machen wir es eben selbst", erinnert sich Urban. Gemeinsam mit
am Thema interessierten Studenten und anderen Mitstreitern gründete er 2014
den „Verein für Vielfalt in Sport und Gesellschaft" (VVSG). Urban und seine
Kollegen bauten ein eigenes Beratungsnetzwerk auf. Endlich konnte er all die
fähigen Leute, mit denen er zum Thema im Austausch stand, in eine Struktur
bringen, die das gemeinsame Anliegen vorantreiben kann. Der VVSG ist „eine
Organisation, die ein Gegengewicht zu Mobbing, Populismus und Diskriminierung bildet. Das stärkt die Gesellschaft", sagt Urban.

Inzwischen sind dem Netzwerk etwa 120 Personen angeschlossen, etwa
30 Berater – in jedem Bundesland mindestens einer – stehen vor Ort als
Ansprechpartner zur Verfügung. Darunter sind Sozialarbeiter, Schiedsrichter, Rechtsanwälte, Handwerker, Grafiker, Geschäftsführer und Programmie-
rer, die spannende Bildungs- und Öffentlichkeitsarbeit konzeptionieren, organisieren und durchführen. „Durch die heterogene Zusammensetzung haben
wir eine Menge Kompetenz", betont Urban. Es seien auch Leute Mitglied, „die
am Rande ihres Lebens waren und nun selbst vor der Kamera stehen und Vor-
bild sind".

Zugleich erweiterte sich Urbans ursprüngliches Themen- und Betätigungs-
feld. Aus dem Eintreten für einen offenen Umgang mit
Homosexualität im Fußball ist ein generelles Engagement für Vielfalt gewachsen. „Ich spreche nun nicht
mehr nur für Homosexuelle, sondern für Gleichberechtigung von Frauen und Männern, gegen Rassismus, für die
Einbeziehung von Menschen mit Behinderung oder hochsensiblen Menschen,
für alle, die von Diskriminierung und Mobbing betroffen sind", sagt er, „Arbeit
für Vielfalt, Weltoffenheit, Sicherheit und Selbstbewusstsein."

Vielfältiges Leben, so definiert es der Verein, ist auch die höchstmögliche
Sicherheit für jeden Einzelnen, akzeptiert zu werden. „Die Auseinandersetzungen, die man führt, wenn man unterschiedlich ist, können anstrengend sein",
erklärt Urban. „Doch vielfältiges Leben ist die beste Alternative."

Vielfältiges Leben ist auch die höchstmögliche Sicherheit für jeden Einzelnen, akzeptiert zu werden.

Im Moment ist Urban gerade dabei, den Verein, den die Mitglieder mit viel Engagement vorangebracht haben, von der reinen Ehrenamtlichkeit weg und hinein in Projekte zu begleiten. Das Pilotprojekt ist eine Zusammenarbeit mit „Denk Bunt", dem Thüringer Landesprogramm für Demokratie, Toleranz und Weltoffenheit, das seit Anfang 2017 innerhalb eines Jahres etwa 20 Veranstaltungen unterstützt: Referate, Workshops, Fußballturniere. Die Teilnehmer kommen aus fast allen Gesellschaftsbereichen. Beamte von Polizei und Soldaten der Bundeswehr sind ebenso die Zuhörer von Urban und seinen Kollegen wie Mitarbeiter in Erwachsenen- und Jugendbildung, Justiz, Verwaltung und Sport.

Wenn Urban seine Angebote unterbreitet, hat er den Eindruck, dass einige fast auf den Anruf gewartet haben und viele Integrationsbeauftragte an spannenden Bildungsformaten sehr interessiert seien. Seminare passen er und seine Kollegen ganz konkret den Zielgruppen an. „Das Thema wurde immer zeitgemäßer, immer relevanter. Was braucht man, um mit den unterschiedlichen Lebensentwürfen klarzukommen?", fragt Urban. „Wie kann sich Vielfalt und Weltoffenheit auch auf den Dörfern durchsetzen?" Die Antwort, das Konzept des VVSG, gibt er selbst. Über Bildung will der Verein Multiplikatoren schaffen, die das Engagement in die Gesellschaft hineintragen und somit Nachhaltigkeit schaffen. Thüringen sei für ihn ein Modellland, aber „wir denken dabei immer auch an die Übertragbarkeit auf andere Bundesländer und Landkreise".

Noch immer viel Aufklärungsarbeit notwendig

Wie viel Aufklärungsarbeit nicht nur auf dem Land, sondern auch in einer Metropole wie Berlin noch immer nötig ist, hat Marcus Urban unlängst selbst erfahren. Als Aktiver bei einem Spiel der Alten Herren von Hertha BSC, wo er in der Berliner Ü40-Liga noch selbst Fußball spielt. Beim Auswärtsspiel gegen die Spielvereinigung Blau-Weiß 90 – Meister und Pokalsieger, gespickt mit ehemaligen Bundesliagaprofis – kam es zu einer turbulenten Szene auf dem Platz. Urban mischte selbst auch mit, sandte

> „Mit Aufklärungsarbeit und einer Null-Toleranz-Politik können alle im Fußball dabei helfen, ein Miteinander zu schaffen, das keinen aufgrund seiner sexuellen Identität ausschließt."

ironisch Handküsschen in Richtung eines türkischstämmigen Gegenspielers. Der beleidigte Urban daraufhin mit den Worten „Ey Schwuli, willste mir einen blasen" und „Schwuchtelspieler". Da sich die Szene nahe der Seitenlinie abspielte, stand der Linienrichter nur wenige Meter daneben. Auch Mitspieler und Betreuer von Urbans Team hatten die homophoben Beleidigungen gehört. Es kam zum Gerangel auf dem Spielfeld. „Ich bin auch kein Kind von Traurigkeit, ich habe auch schon mal jemanden auf dem Spielfeld beleidigt. Provokationen gibt es beim Fußball immer", sagt Urban. „Aber die Grenze zur Strafbarkeit sind Diskriminierungen."

Urban setzte ein Protokoll auf und leitete das an den Berliner Fußball-Verband (BFV) weiter. „Meine Mitspieler haben mich bestärkt und unterstützt", sagt er. Und auch sein Verein Hertha BSC maß dem Fall die nötige Aufmerksamkeit bei, reagierte auf Vorstandsebene und unterstützte mit einem Anwalt.

Es kam zum Gerichtstermin – eine der wenigen Verhandlungen, die wegen eines homophoben Vorfalls überhaupt stattgefunden haben. Als Marcus Urban das Gebäude des BFV in der Humboldtstraße betrat, fiel ihm am Zaun das große Banner der Initiative „Rote Karte für Homophobie" auf. BFV-Präsident Bernd Schultz lässt sich in der Leitfaden-Broschüre dazu wie folgt zitieren: „Homophobie ist im Fußball keine Randerscheinung, die man übergehen kann, sondern von der Bundesliga bis in die Kreisliga eine ernst zu nehmende Tatsache. Mit Aufklärungsarbeit und einer Null-Toleranz-Politik können alle im Fußball dabei helfen, ein Miteinander zu schaffen, das keinen aufgrund seiner sexuellen Identität ausschließt." Doch der Schiedsrichter der Partie der Alten Herren trug den Vorfall trotz Hinweises der Hertha-Spieler nicht in den Spielberichtsbogen ein. Für Urban ein Zeichen dafür, dass Diskriminierung mittels homosexueller Stereotype selbst im Berliner Fußball, wo der Verband Schiedsrichter und Vereine dafür sensibilisiert, noch immer nicht ernst genommen wird.

Beleidigungen an jedem Wochenende

Urban erfuhr, dass es Mut und Kraft bedarf, die involvierten Spieler, Trainer, Schiedsrichter und Verbandsoffiziellen zu versammeln, um einen Homophobie-Fall anzuzeigen. „Ein Thema, das in der Sportgerichtsbarkeit keine Rolle spielte, aufs Tableau zu bringen, kostet Überwindung", sagt er. „Man gilt bei manchen als Nestbeschmutzer. Nach dem Motto: Wegen einer solchen Bagatelle holt der uns jetzt hier alle zum Termin zusammen. Das ist enttäuschend und macht mich wütend."

Urbans Geschichte war offenbar den meisten Anwesenden nicht bekannt. „Es war gut, dass mich niemand kannte, weil das Verfahren dadurch nicht beeinflusst wurde", sagt er. So konnte er als Beobachter bei seiner eigenen Verhandlung erfahren, wie ein solcher Fall abläuft. Der beschuldigte Spieler wurde zu drei Partien Sperre und einer Geldstrafe von wenigen Hundert Euro verurteilt. Zwar hielten Verbandsvertreter minutenlange Plädoyers gegen Homophobie, „aber das Urteil war sehr mild", findet Urban.

Kulturwandel, auch in den Fanszenen: Regenbogenfahne im Fanblock bei RB Leipzig (2017).

Nach Einschätzung des Juristen Jan F. Orth, Mitglied des DFB-Bundesgerichts, offen schwul lebender Mann und selbst Mitglied des VVSG, ist das Strafmaß jedoch angemessen. Der DFB unterscheidet zwischen dem Straftatbestand der Beleidigung beziehungsweise Unsportlichkeit und dem Straftatbestand der Diskriminierung. In Paragraf 9 der Rechts- und Verfahrensordnung des DFB sind die Strafen klar geregelt: Wenn Menschen bewusst „in Bezug auf Rasse, Hautfarbe, Sprache, Religion oder Herkunft" – Sexualität fehlt hier – herabgewürdigt werden, beträgt das Mindeststrafmaß fünf Wochen Sperre; zusätzlich werden Geldstrafen von 12.000 bis 100.000 Euro verhängt. Verhalten sich mehrere Mitglieder eines Teams diskriminierend, kann das zu Punktabzug und sogar dem Ausschluss aus der Spielklasse führen. Im aktuellen Fall jedoch liege eher eine Beleidigung vor; weil Urban selbst provozierte, sei das Strafmaß gerechtfertigt, sagt Orth.

Urban glaubt, dass es an jedem Wochenende viele solcher Beleidigungen auf den Sportplätzen gibt. „Es kommt nur kaum heraus", sagt er. „Es gibt nur wenige offen schwule Spieler, also gibt es auch kaum Anzeigen."

„Es gibt nur wenige offen schwule Spieler, also gibt es auch kaum Anzeigen."

Er fordert: „Die Schiedsrichter und alle Beteiligten müssen solche Vorfälle endlich ernst nehmen. Gäbe es mehr offene, selbstbewusste Fußballer, gäbe es auch mehr Anzeigen." Und dadurch mehr Öffentlichkeit und Sensibilität.

Auf menschlicher Ebene haben sich Urban und sein Gegenspieler übrigens versöhnt. Der Blau-Weiß-Spieler besorgte sich Urbans Biografie und initiierte ein Treffen in Berlin. „Er hat sich entschuldigt, er steht dazu, hat den homophoben Vorfall eingestanden", sagt Urban. „Seitdem haben wir sogar losen, aber guten Kontakt."

„Vielfalt Willkommen"

Nach dem intensiven, mehr als zweistündigen Gespräch auf der Dachterrasse holt Marcus Urban eine Karaffe Wasser, schenkt sich ein Glas ein und nimmt einen großen Schluck. Wie nach einem 120-minütigen Spiel nach Verlängerung und Elfmeterschießen. Dass er anders als vor knapp zehn Jahren nicht im Sakko erschienen ist, um seine Geschichte zu erzählen, sondern im Trainingsoutfit des SSC Neapel, passt gut. Er trägt die Sportklamotten auch gern bei der Arbeit vor dem Rechner, er nimmt seine Mission und Lebensaufgabe als sportliche Herausforderung, wirkt dabei aber nicht verbissen. „Man sollte sich nicht zu ernst nehmen, nicht zu korrekt sein, Frische bewahren", sagt er lächelnd. Im Verein für Vielfalt in Sport und Gesellschaft kann er seinen Ehrgeiz und die Dringlichkeit seines Anliegens mit der nötigen Lockerheit verbinden. Der einst Gehemmte und Verzweifelte hat sich freigelaufen. „Es liegt noch ein langer Weg mit viel Arbeit vor uns", sagt er, „aber dieser Weg soll Spaß machen." Auch durch ein eingängiges Design.

Marcus Urban nimmt seine Mission und Lebensaufgabe als sportliche Herausforderung.

Lächelnd hält er für ein Foto ein buntes Schild vor sich, auf dem Logo und Slogan der Kampagne seines Vereins zu sehen sind: „Vielfalt Willkommen". Zwei Worte, auf die sich das Engagement von Marcus Urban in den vergangenen zehn Jahren herunterbrechen lässt. Vielfalt statt Versteckspiel.

Sicherheitsspiele in der siebten Liga

Roter Stern Leipzig

Der antirassistische Verein Roter Stern Leipzig steht auch auf nordsächsischen Sportplätzen außerhalb Leipzigs für Vielfalt und gegen Faschisten und Diskriminierung ein. Werte, die der DFB und seine Landesverbände längst verankert haben. Doch vom Sächsischen Fußball-Verband (SFV) fühlen sich die „Sterne" in der Konfrontation mit ignoranten Funktionären und den lokalen Neonaziszenen alleingelassen.

Amateurfußball in der siebten Liga – das klingt nach lang geschlagenen Bällen, hart geführten Zweikämpfen, keuchenden Spielern und schnauzbärtigen Schiedsrichtern; nach holperigen Sportplätzen, vergilbten Sitzschalen und dem urigen Sportplatz-Dreiklang aus Geschrei auf dem Spielfeld, Instruktionen von den Trainerbänken und Zwischenrufen der Stammzuschauer; nach holzgetäfelten Vereinsheimen, Bierausschank und Bratwurstbude und Umkleidebaracken, die den Muff der Jahrzehnte konserviert haben. Wenn man Glück hat, funktioniert die Lautsprecheranlage, und ein Vereinsurgestein gibt den Spielstand durch. Sportplatzromantik eben.

Vieles davon gibt es so oder so ähnlich auch beim Roten Stern Leipzig, dessen erste Mannschaft in der sächsischen Landesklasse Nord kickt. Statt Stadionrock oder Schlager tönt hier allerdings Punk und Basslastiges über den Rasen; statt 70 stehen schon mal über 700 Zuschauer auf den Traversen – Banner, Fangesänge und Pyrotechnik-Gezündel im Ultra-Block inklusive. Alternative Sportplatzromantik eben – zumindest bei Heimspielen des antirassistischen Leipziger Kiezklubs.

Aktive Fankultur in der 7. Liga: Bei Heimspielen wird der „Stern" meist von mehreren Hundert Zuschauern unterstützt, auswärts häufig von mehreren Dutzend.

Auswärts hingegen ging es für den Roten Stern Leipzig in der Saison 2016/17 auf vielen nordsächsischen Fußballplätzen nicht besonders romantisch zu. Stattdessen eskalierten Spiele durch ignorantes Verhalten der Gastgeber, nicht eingehaltene Absprachen, geplante Provokationen, diskriminierendes Gepöbel sowie Vergeltungsaktionen, mutmaßlich durch linke Gruppen, gleich mehrfach. Ein gesellschaftlicher und politischer Konflikt mit weiterem Eskalationspotenzial im nordsächsischen Amateurfußball. Es geht dabei auch um die Frage, wie viel Engagement für Vielfalt sowie gegen Rassismus und Diskriminierung abseits von verbandsgesteuerten Kampagnen im sächsischen Fußball erwünscht ist.

Der Rote Stern Leipzig wurde 1999 von 20 Jugendlichen als „antifaschistisches Sportprojekt", so steht es auf der Webseite, gegründet. Das Eintreten gegen „jegliche Form von Diskriminierung wie Rassismus, Sexismus, Antisemitismus und Homophobie" gehört genauso selbstverständlich zum Klub wie der Spaß am Fußball. Weiter heißt es: „Ziel ist es, sowohl im Verein selbst als auch nach außen in die Gesellschaft, gegen jegliche Form von Ungleichheit zu agieren." Anne Döring, die seit 2009 im Verein ist und seit 2011 ehrenamtlich als Sicherheitsbeauftragte tätig ist, sagt: „Es geht uns darum zu zeigen, wie das Vereinsklima bei uns ist, mit dem wir einen Wohlfühlraum für viele Leute geschaffen haben – und das tragen wir auch nach außen. Das haben wir dadurch erreicht, dass bei uns keiner Fotze, Schwuchtel oder Neger sagt oder dass das direkt im persönlichen Gespräch kritisiert wird. Das gilt es, auch auswärts einzufordern."

„Bei uns sagt keiner Fotze, Schwuchtel oder Neger."

Doch genau daran, am Nach-außen-Tragen und Auswärts-Einfordern, stören sich diverse Klubs in der nordsächsischen Provinz und deren Anhang. Nicht selten nutzen organisierte Neonazis aus der Umgebung die Gastspiele des RSL '99 in ihrem Einzugsgebiet, um Präsenz zu zeigen und zu drohen.

Enormer Sicherheitsaufwand

Dass es nicht mehr zu gewalttätigen Überfällen kommt, liegt nur daran, dass seit 2009 nahezu jedes Auswärtsspiel des Roten Stern vor den Toren Leipzigs von einer Hundertschaft Polizisten bewacht wird. Damals hatten in Brandis bei Leipzig 50 mit Eisenstangen und Holzlatten bewaffnete Neonazis den Platz gestürmt und Hetzjagd auf Spieler und Fans gemacht. 2010 brach der Schiedsrichter ein Spiel in Mügeln ab, weil 50 bis 100 Neonazis rechtsradikale Parolen skandiert hatten und die Sicherheit akut gefährdet war – beides traumatische Ereignisse für den Roten Stern.

Seither sind vor jedem Auftritt außerhalb des Leipziger Stadtgebiets Sicherheitsgespräche nötig, um die Auswärtsspiele des linken Fußballklubs abzusichern. Dann reisen Anne Döring und Conrad Lippert, Pressesprecher und stellvertretender Sicherheitsbeauftragter des Vereins, Wochen vor Anpfiff sicherheitsrelevanter Spiele zu sogenannten Regieberatungen in die Städtchen rund um Leipzig. Neben den Vereinsfunktionären der Gastgeber sind stets auch die Polizei und gelegentlich Vertreter des SFV dabei. Sicherheitsgespräche dieser Art sind zwar im Profifußball an der Tagesordnung, in der siebten Liga aber normalerweise nicht nötig. Normalerweise.

„Seit Brandis und Mügeln war es klar, dass es Sicherheitsberatungen geben muss", sagt Lippert. „Wir haben allerdings damals den Kontakt zur Polizei zeitweise abbrechen müssen, weil wir nicht ernst genommen wurden und uns entgegengehalten wurde, dass wir das eigentliche Problem seien und nicht der Nazianhang der Gastgeber." Eine Argumentation, die Döring und Lippert auch heute noch vereinzelt von den Vorsitzenden der gegnerischen Klubs hören.

Auch damals vor dem Auswärtsspiel 2009 in Brandis hatte der Rote Stern bei Polizei und Verband auf die problematische Sicherheitslage hingewiesen. Gehört wurde er nicht. „Die Polizei hat uns und die Bedrohungslage in der sächsischen Provinz vor Brandis komplett unterschätzt", sagt Döring. Dass das inzwischen anders ist, habe mit vielen Gesprächen zu tun, konsequenten Verhandlungen auf Augenhöhe und der steigenden Vorsicht der Vereine. Lippert betont: „Das Verständnis seitens der Polizei ist gewachsen. Der Rote Stern wird von vielen nicht mehr als Problem wahrgenommen, sondern die Leute, die dort zum Stören vorbeikommen." Vor allem im Leipziger Stadtgebiet ist der über 1.200 Mitglieder starke Verein, der mit über 500 die meisten aktiven Fußballer der Messestadt hat, ein akzeptierter Partner.

Die gestiegene Akzeptanz hängt auch mit regelmäßigen Treffen der großen Leipziger Vereine mit Ordnungsamt, Fanprojekt und Führungsvertretern der Leipziger Polizei in der AG Sport und Sicherheit zusammen. „Das ist ein Faktor dafür, dass der Fußball in Leipzig in den vergangenen Jahren ruhig abgelaufen ist", sagt Lippert. Doch bisweilen gebe es auch mit einigen Beamten noch immer Diskussionsbedarf, vor allem, wenn im Fußball erfahrene Hundertschaften kurzfristig durch andere Einheiten der Bereitschaftspolizei vertreten werden, „die zunächst an ihrem Weltbild schrauben müssen, um adäquat mit Vertretern unseres Vereins verhandeln zu können und politische Neutralität zu wahren", mahnt Lippert. Führungskräfte der Polizei sollen laut Döring sogar versucht haben, auf Vereinsfunktionäre der Stern-Gegner „Einfluss zu nehmen" und sich in die Verhandlungen zwischen den Klubs einzumischen – so geschehen vor der Problempartie in Schildau (siehe Exkurs „Schildbürgerstreiche: FSV Schildau). Und auch bei einigen Klubs herrsche acht Jahre nach dem Neonazi-Überfall in Brandis noch immer großes Unverständnis. „Uns wird vorgeworfen, dass wir den Sport politisieren, eher eine politische Vereinigung als ein Sportverein seien", sagt die angehende Erzieherin. Dabei sind die Bedingungen, die der Rote Stern an ein Auswärtsspiel stellt, Selbstverständlichkeiten – sollte man meinen. Dennoch müssen die Spielregeln bei Sicherheitsbegegnungen jedes Jahr wieder aufs Neue mit den Verantwortlichen der Gastgebervereine verhandelt werden. „Wir wollen unsere Banner aufhängen und dass keine Nazis zum

> **„Wir wollen, dass keine Nazis zum Spiel kommen."**

„Love Football, Hate Racism": Dass der RSL diese und andere Banner auch künftig auswärts aufhängt, ist nicht überall erwünscht.

Spiel kommen", sagt Döring. Dabei bietet der basisdemokratische Leipziger Verein den Hausherren Unterstützung an. In einer Broschüre des DFB, die der Rote Stern den Gastgebern stets überreicht, sind alle relevanten und aktuellen Nazisymbole abgebildet. Zudem arbeiten Döring und Lippert den Klubs auf Wunsch Recherchen über die Nazikader der Region zu. „Das wurde in diesem Jahr zum ersten Mal von Vereinen angenommen", sagt Lippert. „Unser Ziel ist, kooperativ aufzutreten und dennoch eine konsequente Linie zu verhandeln."

Thema im Fanzine „Kiezkicker": Etwa 20 Neonazis und Hools sind selbst aktive Fußballer in Leipzig und Umland.

Wenig Rückendeckung

Zum Beispiel, was gesellschaftspolitische Äußerungen per Banner angehen. Ein Transparent mit der Aufschrift „Love Football – Hate Facism" etwa – Vereinsmotto des Roten Stern – haben die mehreren Dutzend Anhänger, die den Verein zu jedem Auswärtsspiel begleiten, seit den ersten Tagen immer dabei. Doch selbst diese vermeintlich selbstverständliche Bekundung versuchen Vereine zu unterbinden (siehe Exkurs „Schildbürgerstreiche"). Dazu äußern sich die RSL-Fans auch regelmäßig kritisch zu aktuellen Vorfällen in Fanszenen oder dem Leipziger Fußball: witzig, ironisch bis provozierend, oft zu gesellschaftspolitischen Themen, die mit Parteipolitik freilich nichts zu tun haben. Doch bei den letzten Auswärtsspielen der Saison 2016/17 sprachen Polizei und Vereine konsequent Verbote für all jene Banner aus, auf denen sich die Fans gegen Nazis positionieren. Ein Widerspruch zu den Werten, die DFB und SFV seit Jahren öffentlich propagieren. Wenn jedoch der Rote Stern auswärts für jene Werte einsteht, erfährt er wenig Rückendeckung von Verbandsseite. „Der SFV ist zwar gesprächsbereiter geworden, duckt sich aber immer noch weg", sagt Lippert. „Wir sind Einzelkämpfer vor Ort und müssen etwa darauf hinweisen, welche Broschüren es vom DFB gibt."

Jörg Gernhardt, als Vizepräsident des SFV für soziale Belange zuständig, verweist auf die „vielfältigen Anstrengungen, um Vereine im Umgang mit eigenen Fans und/oder Spielern für antidiskriminierendes Verhalten zu sensibili-

sieren", unter anderem gebe es Schulungsangebote in Zusammenarbeit mit dem Landessportbund und speziell ausgebildete Demokratietrainer. Doch der Rote Stern tritt dafür ein, solche Programme auch gezielt bei Problemvereinen anzuwenden, „Sanktion und Prävention zu verbinden". Döring sagt: „Wenn es wieder Schmähungen gibt, sollte der Verein verpflichtet werden, Bildungsprogramme wahrzunehmen. Das sind ganz einfache Stellschrauben, an die sich der Verband einfach nicht herantraut." Zwar böte die Rechts- und

Der Verband ist auf Schlingerkurs.

Verfahrensordnung dem SFV-Sportgericht laut Gernhardt seit der Spielzeit 2016/17 auch Möglichkeiten, Auflagen zu erteilen und mit präventiven Schulungsmaßnahmen zu verbinden. Doch im Falle des Bornaer SV etwa, wo sich offenkundig Teile der Mannschaft mit Neonazis solidarisierten, ist das nicht geschehen (siehe Exkurs „Spielabbruch beim Bornaer SV"). Zugleich verweist Gernhardt darauf, dass der Verband sich zwar gegen Rassismus und Diskriminierung positioniere, aber „weltanschaulich neutral" sei und „jeglichen Formen von Extremismus, egal ob links- oder rechtsorientiert, mit aller Konsequenz und Vehemenz" entgegentrete. Eine (Nicht-)Haltung, die stark an den politischen Schlingerkurs der CDU-geführten sächsischen Landesregierung erinnert.

Dabei haben die Leipzig-Connewitzer längst nicht zu allen Provinzklubs ein schlechtes Verhältnis. Bei Partien in Colditz, Krostitz oder Delitzsch gebe es mittlerweile keine Probleme – im Gegenteil, ähnlich wie zum Großteil der Leipziger Vereine sind die Beziehungen gut. Doch gerade im Frühjahr 2017 eskalierte die Situation auf diversen Sportplätzen. Vor allem die Landpartien in Borna und Schildau gerieten zur Farce, auch Wurzen und Bad Lausick waren unangenehme Begegnungen für die „Sterne" – trotz aufwendiger Sicherheitsberatungen, Polizei-Hundertschaften und Ordnungsdienst.

EXKURS

Spielabbruch beim Bornaer SV

Der Rote Stern hatte im Vorfeld der Partie gegen den Bornaer SV – 30 Kilometer südlich von Leipzig – in monatelangen Gesprächen darauf hingewirkt, dass drei mutmaßliche Hooligans aus dem Neonazimilieu, die in der ersten Mannschaft des BSV spielen, gegen den Roten Stern nicht dabei sein sollten. Hintergrund: Das Trio war am Anschlag auf den Leipziger Szenebezirk Connewitz – Heimat des Roten Stern – am 11. Januar 2016 beteiligt. Damals waren 215 mutmaßliche Täter von der Polizei festgesetzt worden, verurteilt war im Sommer 2017 kein Einziger aus dem Mob. Doch eine Liste der Namen der Beteiligten gelangte an die Öffentlichkeit und wurde in einem Blog aufgearbeitet. Dort finden sich auch die drei Spieler des Bornaer SV, mit Foto, Hinweisen auf ihren Hintergrund und ihre Beteiligungen an rechten Veranstaltungen – zwei der drei Spieler wurden beim Besuch von Nazidemonstrationen fotografiert. Kein Einzelfall. Etwa 20 Personen aus der Liste sind selbst bei unterklassigen Vereinen im sächsischen Amateurfußball aktiv. „Wie soll ich unseren Unterstützern denn vermitteln, dass du gegen Leute Fußball spielen sollst, die zwar nicht verurteilt werden können, aber definitiv an dem Angriff gegen uns beteiligt waren?", fragt Lippert.

Der Bornaer SV zeigte sich zunächst kooperationsbereit und versprach, zumindest beim direkten Duell Ende April 2017 auf das Trio zu verzichten. Als die Gastgeber jedoch in Führung gingen, rannten der Torschütze und andere Spieler zur Auswechselbank und hielten unter Mithilfe einiger Ersatzspieler die Trikots der drei Ausgeschlossenen empor. Ganz offensichtlich eine geplante Aktion eines Teils des Teams. Mindestens einer aus dem vom Spiel ausgeschlossenen Trio der mutmaßlichen Gewalttäter soll das Geschehen außerhalb des Stadions beobachtet haben. Als die Situation daraufhin nach einem heftigen Foul der Bornaer und einer Roten Karte gegen einen bereits ausgewechselten Spieler zu eskalieren drohte, verließ der Rote Stern geschlossen das Spielfeld und brach die Partie ab. „Erstens brauchten wir die Punkte zu dem Zeitpunkt nicht mehr, und selbst wenn wir sie gebraucht hätten: Die wollten wir nicht", sagt Lippert. Nicht unter diesen Umständen. Daraufhin hatte Bornas erboster Vorstand Ingo Dießner in einem offenen Brief geschrieben, dass er „in Zukunft auf Grund der auf unserem Verein lastenden extremen finanziellen Belastungen, der Missachtung von gemachten Absprachen seitens Roter Stern, der permanenten Provokation unseren Spielern und Zuschauern gegenüber sowie das laut unserer Satzung politische Neutralität herrschen muss, keine Basis mehr für weitere Aufeinandertreffen beider Vereine" sehe – „so lange, bis bei Roter Stern Leipzig eine merkliche Entpolitisierung einsetzt und der Sport wieder in den Vordergrund rückt".

In der darauffolgenden Verhandlung vor dem SFV-Sportgericht versuchte der BSV, die Solidaritätsbekundung mit den Neonazi-Teamkameraden mit einer ähnlichen Aktion der Spieler von Borussia Dortmund zu rechtfertigen, die nach dem Anschlag auf den Teambus des BVB das Trikot des verletzten Marc Bartra in die Höhe gehalten hatten. Ein „befremdlicher" Vergleich, wie auch das Sportgericht befand.

Dennoch urteilten die sächsischen Sportrichter, dass es kein Wiederholungsspiel gibt und die Punkte in Borna bleiben. Der Bornaer Torjubel wurde zwar als „unsportliches Verhalten" eingestuft; doch der Rote Stern hätte das Spiel nicht beenden müssen, „da es sich um kein schwerwiegendes oder rassistisch oder diskriminierendes Fehlverhalten der gegnerischen Spieler gehandelt" habe. Mit 500 Euro Geldstrafe wurde Borna belegt, weil es der Ordnungsdienst nicht verhindert hatte, dass die Fans des Roten Stern ein Transparent zeigten, auf dem die drei mutmaßlichen Gewalttäter namentlich als Faschisten bezeichnet wurden; mit Sprechchören beleidigten die Anhänger das Trio als „Nazischweine". Der Rote Stern wurde deswegen zu einer Geldstrafe von 1.500 Euro verurteilt – dreimal so viel wie die Gastgeber. Eine hohe Summe für einen Siebtligisten. Das Sportgericht bezog sich auf die Unschuldsvermutung, die auch für die am Anschlag beteiligten Amateurkicker gelte, solange es keine Verurteilung gebe.

Schürt der Anhang des Roten Stern also durch eigenes unfaires Verhalten, wie das Sportgericht befand, Anfeindungen und Diskriminierungen? „Der Anhang vom Roten Stern pöbelt gern, wir sind schon provokant", gibt Lippert zu. Darunter seien auch „Tapeten", die er selbst bisweilen als

„grenzwertig" wahrnimmt. Generell jedoch findet der Student, „dass wir unseren Laden gut unter Kontrolle haben. Das hat man auch in Borna gesehen – gerade vor dem Hintergrund, dass das eine massiv angespannte Situation war". Sprechchöre und Banner hätten sich immer gezielt auf die drei vermeintlichen Täter bezogen – nicht den BSV insgesamt diffamiert. „Wenn es antisemitische und rassistische Parolen gibt, lassen sich unsere Anhängerinnen und Anhänger auch provozieren", sagt Lippert. „Aber es bleibt auf verbaler Ebene oder mal bei Tritten gegen eine Bande."

Übrigens: In den darauffolgenden Spielen stand das rechte Trio des BSV wieder im Kader. Ausdruck dessen, wie ernst die Klubverantwortlichen rechten Strukturen tatsächlich entgegentreten.

EXKURS

Schildbürgerstreiche: TSV Schildau

Der Ausflug in die knapp 8.000 Einwohner zählende Gemeinde, die sich darauf beruft, Schauplatz der sagenhaften Schildbürgerstreiche gewesen zu sein, zählt jährlich zu den negativen Saisonhöhepunkten für den Roten Stern. Der Legende nach versuchten die Schildbürger, Licht in Eimern und Säcken ins fensterlose Rathaus zu tragen oder Salz auszusäen. Laut dem ehemaligen Schildauer Pfarrer Schollmeyer verstehe man heute unter Schildbürgerstreichen „die Ergebnisse von kommunalen Borniertheiten, behördlichen Unzulänglichkeiten, bürokratischen Überspitzungen und amtlichen Fehlentscheidungen". Die Provinzpossen, die sich jährlich vor den Gastspielen des Roten Stern beim TSV Schildau zutragen, passen dazu ganz gut. Und auch in der Saison 2016/17 wurde das Gastspiel bei den Schildauern für Spieler und Fans des Leipziger Kiezklubs wieder einmal zum Spießrutenlauf.

Als das RSL-Team eintraf, wurden zunächst die Spieler der Leipziger angeblich auf Weisung des Vereins vom örtlichen Sicherheitsdienst ausgiebig gefilzt: Taschen wurden durchsucht, teils mussten Akteure auch Kleidungsstücke ablegen. Das Heimteam hingegen wurde nicht durchsucht. Als später die 60 bis 70 mitgereisten Fans eintrafen, wurden diese nicht nur vom Securitydienst kontrolliert, sondern zur Sicherheit auch von der anwesenden Polizeihundertschaft. Beides äußerst unübliche Vorgänge. Ebenso wie das Verbot von Bannern und sogar Videoaufzeichnungen, das die Schildauer Verantwortlichen per Zusatz in der Hausordnung für sicherheitsrelevante Spiele verhängt haben. „Das zeigt die Mentalität und Denke in diesen Vereinen: Da soll nichts passieren, und vor allem soll es niemand mitkriegen", sagt Lippert.

Doch die „Sterne" umgingen das Transparenteverbot kreativ, indem sie einzelne Buchstaben auf ihren T-Shirts zum Slogan „Love Football – Hate Fascism" zusammenfügten – ein menschliches Banner sozusagen. „Schild-bürgerInnenstreiche kann der Connewitzer immer noch besser als jeder andere", heißt es dazu auf der RSL-Webseite. Bereits in der vergangenen Saison hatten die Leipziger gegen das Verbot von Transparenten demonst-riert. Die RSL-Anhänger hatten es damals angesichts der Umstände vorge-zogen, lieber vor den Sportplatztoren zu warten, um gegen die Maßnahme zu protestieren. Ihre Transparente hängten sie auf dem Parkplatz auf; das Spiel wurde per Telefonkonferenz über eine Anlage nach draußen übertra-gen. „Das Problem ist doch, dass Nazis ins Stadion kommen und nicht, dass wir Transparente zeigen", hatte RSL-Sprecher Jens Frohburg damals gesagt. „Es ist unsere Befürchtung, dass das Beispiel Schildau Schule macht." Dass die Gästefans draußen blieben, kostete Schildau etwa 500 Euro an Eintritts-geldern. Die veganen Tofuwürste, die der Schildauer Vereinsvorsitzende Uwe Tempel eigens für die linksalternative Kundschaft aus Leipzig gekauft hatte, waren unangetastet geblieben. Angesprochen auf eine Gruppe anwe-sender Neonazis, hatte Tempel damals gesagt, dass der Rote Stern Klientel anziehe, „das wir nicht kennen. Von Rechtsradikalen distanzieren wir uns ausdrücklich, wir sind kein Naziverein."

2017 machte es nicht den Anschein, dass es der TSV Schildau damit besonders ernst meint. Auf Seiten der Gastgeber sollen 30 bis 40 orga-nisierte Neonazis aus der Region ohne weitere Kontrollen Einlass erhal-ten haben; darunter Vereinsmitglied und Ex-Spieler Benjamin Brinsa, ein MMA-Fighter, der laut dem linken Blog Indymedia seit Jahren Teil der sächsischen Neonaziszene und „als einer der einflussreichsten und am besten vernetzten Neonazis im Raum Leipzig" sogar Teil eines rechten Firmen-Netzwerks ist. Dass Brinsa nicht bei dem Spiel anwesend ist, war im Vorfeld eine der Bedingungen gewesen, die Lippert und Döring ver-handelt hatten. Das wurde genauso wenig eingehalten wie das Transpa-rente-Verbot. Nach Abpfiff zeigten die Schildauer ein Banner mit der Frak-turaufschrift der örtlichen Neonazigruppierung „Schildauer Jungs". Das „Who's who der Neonaziszene Nordsachsens" sei in Schildau anwesend gewesen, sagt Lippert. Die Gruppe hat laut Schiedsrichterprotokoll immer wieder homophobe und frauenfeindliche Parolen gerufen – eine Strafe gab es dafür bislang noch nicht. Als die Crew des Roten Stern den Sportplatz verließ, sollen die Neonazis skandiert haben: „Wir kriegen euch alle!" Und: „Connewitz war erst der Anfang!" Ein Verweis auf den Neonazi- und Hooligan-Überfall am 11. Januar 2016. Nach Abpfiff habe der braune Anhang T-Shirts aus eigener Produktion an die Spieler verteilt und mit einigen Kickern und anderen Vereinsmitgliedern beim Bier zusammengesessen. Der Rote Stern hat das mit Fotos und Protokollen dokumentiert und dem SFV zukommen lassen.

Forderungen an den SFV

Beim Roten Stern beobachten sie die Eskalation der Situation mit Sorge. „Nach den Erfahrungen um den 1. FC Ostelbien Dornburg (siehe Seite 86 ff., Anm. d. Autors) und den SV Energie Görlitz ist die Entwicklung beim TSV in Schildau aus unserer Sicht höchst bedenklich", schrieb Döring in einer Stellungnahme an den sächsischen Verband. In beiden genannten Fällen hatten sich komplett von Neonazis bestimmte Teams bilden können, von denen Einschüchterungen, Gewalt und Straftaten ausgingen. In einem offenen Brief an den SFV kritisiert der Verein, dass sich der Verband in Ordnungsstrafen verliere, statt eine klare Linie gegen Rassismus und Diskriminierung zu verfolgen. Der Rote Stern stellte sechs Forderungen an den Verband: unter anderem „klare Distanzierung aller Akteure von neonazistischen und diskriminierenden Sichtweisen, Handlungen und Personen in Vereinen, Institutionen und Verbänden – Anerkennung der eigenen gesellschaftlichen Verantwortung". Zudem die „Dokumentation und sensible Veröffentlichung von diskriminierenden und neonazistischen Vorfällen im Sport in Sachsen". Der RSL forderte den SFV zudem auf, eine „belastbare Linie zur Bekämpfung von Neonazismus und Diskriminierung" zu erarbeiten, inklusive des Ausschlusses „von einschlägig bekannten Neonazis durch den Landessportbund Sachsen und eines Erfahrungsaustausches zwischen den Landesverbänden der Republik". Eine Antwort darauf mochte SFV-Vize Gernhardt auf Anfrage bis zum Redaktionsschluss nicht geben.

Wohl wenig förderlich für eine Klärung der angespannten Lage waren Protestaktionen mehrerer Dutzend Vermummter, die Auswärtsspiele des Bornaer

SV und des TSV Schildau bei einem anderen Leipziger Klub unterbrachen. 30 bis 40 Aktivisten, die wohl dem Umfeld der Antifa zuzurechnen sind, zündeten Pyrotechnik, bedrohten Spieler verbal und störten die Partien. Im Falle des TSV Schildau wurde die Begegnung sogar auf Wunsch der Schildauer abgebrochen und später nachgeholt. Und nach einem Spiel der Volkssportteams von Roter Stern und einem anderen Leipziger Stadtteilklub, in dessen Umfeld sich auch Täter vom 11. Januar befinden sollen, kam es nach Provokationen zu einer Schlägerei mit Antifa-Beteiligung gegen Akteure aus dem rechten Milieu und Sympathisanten. „Diese Form der Auseinandersetzung gehört nicht zu den Aktionsformen, die der Rote Stern Leipzig unterstützen oder gutheißen kann", heißt es dazu in einer Stellungnahme des Vereins. „Solche Vorfälle soll und darf es in Zukunft nicht mehr geben."

Der SFV hingegen positioniert sich weniger klar. Zu den offenen Forderungen sowie Schikanen wie Fahnenverbot, Verbot von Videoaufzeichnungen und Durchsuchungen der Spieler äußerte sich der sächsische Verband nach monatelanger Bedenkzeit nur zaghaft. So dürfen etwa laut einer neuen Richtlinie Transparente „zur Wahrung der Ordnung" auch weiterhin untersagt werden. „Die Einschränkung der Meinungsfreiheit ist zur Verhinderung konkret drohender Störungen hinzunehmen", heißt es dort.

Welche Auswirkungen die brisante Gemengelage nun auf die Spielzeit 2017/18 hat, ist noch offen. Anne Döring und Conrad Lippert können sich bereits auf ausgiebige und kontroverse Sicherheitsbesprechungen einstellen – vor allem in Borna und Schildau.

Wenn Vereins- und Verbandsverantwortliche weiter die Augen davor verschließen, dass in ihren Vereinen Neonazis zu Gast oder gar Mitglieder sind, und sich nicht durch ganz konkrete Maßnahmen auch öffentlich davon distanzieren – ebenso wie der Rote Stern von Antifa-Gewalt –, sind neuerliche Eskalationen bereits programmiert. Der SFV sollte zeigen, dass seine Initiativen gegen Rechtsextremismus und Rassismus mehr als nur Lippenbekenntnisse sind. Statt nur durch Sportgerichtsurteile mit steigenden Ordnungsstrafen zu reagieren, ist der Verband nun als Mediator und Krisenmanager gefragt. Die Chance, die Auseinandersetzungen in der Landesklasse durch Präventionsarbeit zu verhindern, haben die sächsischen Fußballfürsten bereits vertan, indem sie sich auf vermeintlicher politischer Neutralität ausgeruht haben – und weiter ausruhen.

Für Prävention ist es schon zu spät.

Willkommen im Klub

SV Lindenau 1848

Der Stadtteilklub im Leipziger Westen engagiert sich seit 2014 ganz unaufgeregt und unbürokratisch für Geflüchtete. Zum Beispiel für Bassam El Daroub und seine Familie, die aus dem Libanon nach Lindenau kamen. Das hat den alteingesessenen Leipziger Klub verändert.

Leipzig – Roy und Ralph sind an diesem Mittwochnachmittag im Mai schon eine Stunde vor Trainingsbeginn auf dem Charlottenhof im Leipziger Stadtteil Lindenau. Die Brüder – einer im Trikot von RB Leipzig, der andere im Dress des FC Bayern München – umdribbeln sich gegenseitig und schießen auf Kleinfeldtore. Die Sportanlage mit den hohen Pappeln, dem urigen Stadion mit genau 138 verblichenen Plastiksitzschalen sowie Sprecherkabine ist die Heimat des SV Lindenau von 1848 – dem zweitältesten Sportverein Leipzigs. Und sie ist seit etwa drei Jahren auch die Heimat von Roy und Ralph, 13 und sieben Jahre alt. Und die ihres Vaters Bassam El Daroub. „Der SV Lindenau ist jetzt wie unsere Familie", sagt er.

Die El Daroubs stammen aus dem Libanon und sind im Juni 2014 über Beirut, Berlin und Chemnitz nach Leipzig gekommen. „Meine Familie, meine Kinder waren im Libanon nicht sicher. Ich musste einfach weg", sagt Bassam El Daroub. Während seine Jungs auf dem Trainingsplatz hinter ihm kicken, nimmt der 45-Jährige in einer der Sitzschalen Platz, und erzählt seine Geschichte.

El Daroub war im Libanon ein wohlhabender Mann, 25 Jahre lang arbeitete er bei der Bank of Beirut and the Arab Countries. Auch seine Frau Hala war Bankangestellte. „Ich hatte alles im Libanon, außer Freiheit und Frieden", sagt El Daroub. „Es ist ein Paradies, aber es sind keine politischen und religiösen Lösungen absehbar. Wie soll das funktionieren?", fragte er sich.

Seitdem Bassam El Daroub denken kann, herrschte in dem kleinen Land am Mittelmeer – umgeben von den mächtigeren Nachbarn Syrien und Israel –

regelmäßig Krieg. „Ich habe schon als Junge immer mit dem Krieg gelebt", sagt er. Auch er war einst ein talentierter Fußballer, musste aber als C-Jugendlicher aufhören – des Krieges wegen.

Die El Daroubs gehören der Minderheitenreligion der Drusen an, die auch immer wieder Ziel von Anfeindungen waren und sind. Bassam El Daroub, der sich selbst gar nicht als religiös bezeichnet, sagt: „Ich respektiere alle Religionen, aber man sollte sie zu Hause und im Herzen ausleben und nicht auf der Straße." Bereits sein Vater hatte einst aus politischen und religiösen Gründen fliehen müssen, lebte damals kurzzeitig in Saudi-Arabien und wollte die Familie nachholen. Doch das scheiterte. Bassam El Daroub hat die Flucht in ein neues Leben 2014 durchgezogen. Auch aus Angst davor, dass seine Kinder zu Kindersoldaten ausgebildet würden, ließen er und seine Frau alles zurück. „Ich habe vor allem an die Zukunft meiner Kinder gedacht", bekräftigt er.

Anders als der Großteil der 1,4 Millionen Menschen, die von Anfang 2014 bis April 2017 nach Deutschland flohen, kamen die El Daroubs nicht über Flüchtlingsrouten in die Bundesrepublik. Sie gehören zu den insgesamt lediglich 19.687 Menschen[*], die von 2014 bis 2016 mit einem Visum nach Europa einreisten und anschließend Asyl beantragten. Er wollte zwar nicht unbedingt nach Deutschland, wichtig war ihm nur, aus dem Libanon herauszukommen. Doch zu dem Land, in dem er jetzt lebt, hatte er schon immer eine besondere Beziehung – vor allem wegen des Fußballs. Bassam El Daroub ist von Kindesbeinen an großer Fan des FC Bayern München und der deutschen Nationalmannschaft. Während im Libanon der Krieg tobte, lenkte er sich mit der Bundesliga im TV ab und lernte die deutschen Städte anhand der Erstligatabelle kennen. Noch heute sagt er voller Inbrunst: „Ich kann nicht ohne Bundesliga leben." Seinen Söhnen gab er wegen seiner Vorliebe für Deutschland europäische Namen: Roy und Ralph heißen im Libanon nicht viele.

Bassam El Daroub schaut quer über den Rasen, wo nur einige Hundert Meter entfernt auf der anderen Seite des Elsterflutbeckens das Dach des einstigen Zentralstadions über den Bäumen hervorragt, in dem heute der Bundesligist RB Leipzig spielt. Dass dort in Sportdirektor Rangnick und Trainer Hasenhüttl zwei Protagonisten den gleichen Vornamen tragen wie sein jüngerer Sohn,

„Ich kann nicht ohne Bundesliga leben."

---

[*]　Diese Zahl wurde dem Autor vom Bundesamt für Migration und Flüchtlinge (BAMF) bestätigt.

„Der SV Lindenau ist jetzt wie unsere Familie": Bassam El Daroub und sein jüngerer Sohn Ralph auf dem Charlottenhof.

betrachtet Bassam als schicksalhafte Fügung. Er war bereits mehrfach im Stadion und drückte den Leipzigern die Daumen. Zum Gastspiel des FC Bayern in Leipzig sagt er: „Als Bayern gegen RB Leipzig spielte, hatte ich Bayern im Herzen, aber ich habe mit RB gefiebert und das Leipziger Trikot getragen."

Hier auf dem Trainingsplatz trägt er eine blau-weiße Jacke – die Farben des SV Lindenau. Bei seinem Verein ist er nicht Fan, sondern Trainer für den Bambini-Nachwuchs. Als er mit seiner Familie 2014 in der Flüchtlingsunterkunft in der Markranstädter Straße angekommen war, brauchte er dringend eine Beschäftigung – für seine Kinder und für sich. „Es war am Anfang sehr schwer für mich", sagt El Daroub. „Ich habe alles in meinem Land verlassen, wollte mich hier schnell integrieren und arbeiten." Eine Mitarbeiterin der Unterkunft vermittelte ihn an den SV Lindenau, dessen blaues Tor am Eingang zum Charlottenhof bereits für ausländische Mitspieler geöffnet war, bevor Geflüchtete im Jahr 2015 in den medialen und politischen Fokus rückten.

Einladung zum Probetraining

Björn Mencfeld erinnert sich noch gut daran, als er und der damalige Nachwuchscoach und Spieler Martin Hammel zum ersten Mal in der nächstgelegenen Flüchtlingsunterkunft vorsprachen. Hammel hatte zuvor bei einem Trainerlehrgang von den Integrationsbotschaften des DFB gehört. In der Zeitung lasen beide, dass ganz in der Nähe dezentrale Flüchtlingswohnungen eingerichtet worden waren. Und sie taten das, was für sie „mit gesundem Menschenverstand, wenig Aufwand und ohne groß angelegtes Konzept" umsetzbar war: Sie besprachen ihr Vorhaben mit dem Abteilungsleiter und luden die Bewohner zum Probetraining ein. Aus eigener Initiative, ohne großen Aufwand – für

Hammel und Mencfeld ganz normales gesellschaftliches Engagement. Doch das sollte den alteingesessenen SVL von 1848 verändern.

Einige asylsuchende Eltern mit kleinen Kindern – so wie Bassam El Daroub – nahmen das Angebot dankbar an und beteiligten sich bereits wenig später am Vereinsleben: bei der Vorbereitung der Trainingsutensilien ebenso wie beim Waschen der Trikotsätze. Und sie nahmen an den Teamfeiern teil, brachten Landestypisches aus ihrer Heimat mit. „Bei den Abschlussfesten gibt es inzwischen nicht nur Nudelsalat, wir haben jetzt eine internationale Küche dabei", sagt Mencfeld lächelnd. Nur ein kleines Beispiel dafür, wie die neuen Mitglieder auch dem Klub neue Impulse gaben.

El Daroub begleitete seine Söhne zu jedem Training, und da er mit Kindern, Eltern und Übungsleitern schnell in Kontakt kam – Bassam heißt übersetzt: der Lächelnde – wurde er schon bald gefragt, ob er nicht als Trainer mithelfen wolle. Der gelernte Bankkaufmann hatte Lust, absolvierte einen Übungsleiterkurs und gehört seither als Verantwortlicher zum Verein. „Ich bin einfach zufrieden hier, das hilft mir, die Sprache zu lernen, mich zu integrieren – einfach für alles", sagt er.

Weil die Initiative von Hammel und Mencfeld offenbar doch nicht von allen als so normal aufgenommen wurde, wie sie ihnen selbst erschienen war, würdigte der Deutsche Fußball-Bund (DFB) das Engagement der Lindenauer 2015 mit dem Integrationspreis des Verbandes. Das sorgte bundesweit für Schlagzeilen; Journalisten von überregionalen Medien kamen auf den Charlottenhof, um sich anzuschauen, wie im Westen Leipzigs ganz selbstverständlich Integrationsarbeit geleistet wird, während 120 Kilometer südöstlich in Dresden Zehntausende bei Pegida-Aufmärschen gegen Überfremdung protestierten und der Ableger Legida auch in Leipzig aufmarschierte. Sogar eine Zeitung aus Japan berichtete über den SVL. Als die Nationalmannschaft im Herbst 2015 in Leipzig auflief, kamen der damalige DFB-Präsident Wolfgang Niersbach sowie die Nationalspieler Kevin Volland und Shkodran Mustafi vorbei. Ziemlich viel Trubel für den kleinen Klub, bei dem sie gar nicht so recht nachvollziehen können, warum so viel darüber berichtet wurde. Doch der Leipziger Fußballklub, der Geflüchtete willkommen heißt, hatte einen Nerv getroffen und bildete einen Kontrapunkt zum fremdenfeindlichen Image Sachsens.

Ein Kontrapunkt zum fremdenfeindlichen Image Sachsens.

Neben dem Preis, einem Kleinbus, den die Lindenauer verkauften und dessen Erlös sie nun in einen Kunstrasenplatz investieren wollen, hatte der Rummel auch ganz konkrete Auswirkungen: Für einen TV-Beitrag anlässlich der Preisverleihung war Vereinspräsident Ralf Wittke zu Gast in der kleinen Flüchtlings-wohnung der El Daroubs. Als er sah, wie beengt seine Vereinsmitglieder wohn-ten, bot er ihnen eine größere Wohnung in seinem Mehrfamilienhaus unweit des Charlottenhofs an. Er ließ die Wohnung renovieren, besorgte Mobiliar, und seit-her sind die Wittkes aus Lindenau und die El Daroubs aus dem Libanon Nach-barn. Die libanesische Familie hat hier im Verein nicht nur Anschluss, sondern auch neue Freunde gefunden. Besser kann Integration kaum gelingen.

Mitglieder aus fast 30 Nationen

Die Geschichte der El Daroubs ist nur eine von mehreren, die sie hier im Verein erleben. Eine andere ist die von Rody Meilicke, Straßenbahnfahrer und Nach-wuchstrainer aus Syrien, der schon viele Jahre im Verein aktiv ist. Oder die zweier syrischer Brüder, die sich bereits bei ihrem dritten F-Jugend-Training „Pass" und „Schuss" auf Deutsch zuriefen, mittlerweile in der E- und D-Jugend spielen und ihren Eltern beim Übersetzen helfen können.

Aktuell haben die Lindenauer Mitglieder aus 27 Nationen (Stand: Mai 2017), darunter etwa 30 aus Syrien, dem Libanon, Iran, Irak, Afghanistan, Marokko und dem Kosovo geflüchtete. Aktuell kommen vor allem ältere Jugendliche und junge Erwachsene neu hinzu, die von älteren Flüchtlingen begleitet werden.

„Das ist ein sehr wichtiger Schritt für die Bewohner, um sich in den Stadt-teil zu integrieren", hatte Ina Lackert bereits im Jahr 2015 gesagt. Die Sozial-arbeiterin betreute die Bewohner in der Unterkunft unweit des Vereinsgelän-des, wo Mencfeld und Hammel zum ersten Mal ihr Angebot unterbreiteten. Sie sagte: „Nach der Flucht hilft der Verein den Bewohnern, neue Strukturen auf-zubauen, zur Ruhe zu kommen und ein Stück deutsche Gesellschaft kennen-zulernen." Es sei wichtig, dass Vereine aktiv auf die Asylsuchenden zugingen, betonte Lackert, da für viele Flüchtlinge Vereinsleben, wie es in Deutschland praktiziert wird, unbekannt sei. Sport sei dafür besonders geeignet, da Sprach-barrieren hier ebenso wie in der Musik zunächst kaum eine Rolle spielten.

Mencfeld betont, dass es nicht teuer ist, sich für Integration zu engagieren. Bis auf die Vereinsbeiträge fielen kaum Zusatzkosten an. Doch ausgerechnet die lassen sich durch die diversen Förderprogramme der Verbände – abgese-hen von den 500 Euro pro Verein aus dem DFB-Programm „1:0 für ein Willkom-men" – leider nicht finanzieren. „Ganz viele Maßnahmen sind projektbezogen.

Das ist ein Grundproblem der Förderung", bemängelt Mencfeld. „Wir können Fördertöpfe so gut wie gar nicht nutzen, weil wir keine speziellen Angebote nur für Flüchtlinge haben." Zudem seien einige Förderprogramme so komplex abzurechnen, dass der Verein lieber darauf verzichte.

Wichtig ist Mencfeld und seinen Mitstreitern, dass die neuen Mitglieder keine Initiativen oder Programme aufgestülpt bekommen, sondern möglichst einfach in das Vereinsleben integriert werden. Er sagt angenehm unaufgeregt: „Die Kinder wollen nicht besonders behandelt werden. Sie sollen sich bei uns genauso wohlfühlen, als würden sie zu Hause Fußball spielen."

Die kurzen Gespräche mit Roy, der 2017 gegenüber Journalisten noch genauso schüchtern ist wie beim ersten Treffen zwei Jahre zuvor, und Ralph bestätigen das. Die Kinder fühlen sich hier wohl und können dem nachgehen, was sie am liebsten tun: Fußball spielen. Dass sie hier beim SV Lindenau willkommen sind, gehört für sie zur Normalität. „Es war nie ein explizites Thema, dass wir Integration forcieren wollen. Das ist für uns selbstverständlich", erklärt Björn Mencfeld. „Wir werden nicht als linker Verein wahrgenommen und beabsichtigen das auch nicht. Es ist für mich keine politische Frage, für Integration einzutreten." Mitinitiator Martin Hammel, der inzwischen zur BSG Chemie Leipzig gewechselt ist, hatte 2015 gesagt: „Wir wollen auch andere Vereine ermutigen, sich einzubringen, die soziale Verantwortung wahrzunehmen, die sie in der Gesellschaft haben." Wenn die Kinder beim Fußball mit Vielfalt aufwüchsen, lernen würden, vernünftig und gleichberechtigt miteinander umzugehen, so Hammel damals, „dann sind sie später hoffentlich nicht so anfällig für dumpfe Parolen."

Gesellschaftliche Verantwortung

Beim SV Lindenau wissen sie um ihre gesellschaftliche Verantwortung: „Wir konzentrieren uns nicht nur auf die sportliche Ausbildung", sagt Mencfeld. „Uns ist klar, dass wir eine Rolle bei der Kindererziehung spielen und dass wir auch Erwachsenen, die vielleicht gerade berufliche Probleme haben, einen Rückhalt bieten." In Altlindenau, wo es mit 16,9 Prozent einen größeren Migrantenanteil und auch eine höhere Arbeitslosigkeit (knapp zehn Prozent) gibt als anderswo in Leipzig, ist das besonders wichtig. „Es wird bei uns niemand bevorteilt oder benachteiligt", sagt Mencfeld. Noch so ein Punkt, der im nicht immer einfachen sozialen Milieu hier im Leipziger Westen wichtig ist, um Akzeptanz zu schaffen.

Den Monatsbeitrag müssen Geflüchtete genauso aufbringen wie alle Vereinsmitglieder. Das sei schon aus versicherungsrechtlichen Gründen nicht anders möglich, heißt es. „Die meisten Flüchtlinge können und wollen das selbst zahlen", sagt Mencfeld. Das sei für viele auch eine Frage des Stolzes. Beim SVL

Aus dem Libanon nach Lindenau: Roy, Bassam und Ralph El Daroub.

helfen sie jedoch in Ausnahmesituationen: Eine Freizeitmannschaft sammelte mehrere Hundert Euro, um Bedürftige bei den Mitgliedsbeiträgen zu unterstützen. Teilweise hat der Verein schon Summen ausgelegt, bis entsprechende Anträge auf Bildungs- und Teilhabepakete bearbeitet wurden. Und in einem Schrank stehen getragene Fußballschuhe, Schienbeinschoner und Trikots für Kinder zur Verfügung, deren Eltern nicht mal eben eine neue Sportausrüstung finanzieren können.

Zulauf erhält der Stadtteilklub, der inzwischen Stützpunktverein für Integration ist, aus allen Einkommensschichten und allen Herkunftsgruppen. „Ich würde ungern einen Verein nur für Sozialhilfeempfänger oder nur für Besserverdiener, nur Deutsche oder nur für Flüchtlinge unterstützen", erklärt Mencfeld. „Wir wollen ein Verein für alle Leipziger sein – eine bunte Mischung."

Es hat sich mittlerweile herumgesprochen, dass hier eine weltoffenere Atmosphäre herrscht als in anderen Sportvereinen. Unter den 330 Fußballern des etwa 600 Mitglieder zählenden Klubs haben über 50 einen ausländischen Pass. Menschen aus den USA, Kanada oder Vietnam kommen ebenso in den Verein wie Leipziger, die extra aus anderen Teilen der Stadt anreisen, um bei einem gesellschaftlich engagierten Verein Mitglied zu werden. Laut Mencfeld sorgt das für eine größere Vielfalt. Eltern, die von einem Verein mehr erwarten als ausschließlich Fußballtraining für ihre Kinder, kämen bewusst zum SV Lindenau. „Das bringt dann auch eine größere Bereitschaft mit sich, den Verein zu unterstützen, mit anzupacken oder auf ein Spendenkonto einzuzahlen", sagt der 36-Jährige.

Dieses Engagement ist bei Trainingsbeginn am späteren Nachmittag nicht nur zu spüren, sondern an kleinen Details auf der Sportanlage auch zu sehen. An der Holztür des Kabinentrakts hängt ein laminierter Ausdruck, auf dem in vielen Sprachen steht: „Willkommen beim SV Lindenau". Im Gang dahinter hängt eine Weltkarte, auf der die Fähnchen der Mitgliedsnationen aufgeklebt sind. Und auf einem Schild am Eingang des „Charlys", wie sie den Sportplatz liebevoll nennen, steht eine Tafel mit elf Botschaften, für die der Verein eintritt. Die erste lautet: „Unser Verein steht für Fair Play, Toleranz und Gleichberechtigung im Fußball!" Weiter unten heißt es: „Unser Verein steht für Vielfalt! Rassismus und Diskriminierung haben bei uns keinen Platz!" Jede Botschaft wird mit einem Ausrufezeichen untermauert – es ist den Verantwortlichen ernst.

Die Tafel, die von Hertha BSC abgeschaut wurde, stand hier bereits, bevor sich der Klub für Geflüchtete engagierte. Das Schild, das den Verein als Integrationspreisträger ausweist, fehlt hingegen seit dem Winter 2016/17. Eines Tages war die Aluminiumverbundplatte abmontiert. Schrottdiebe, vermuten sie beim Verein. An einen fremdenfeindlichen Hintergrund glaubt Björn Mencfeld nicht, weil es bisher keinerlei Schmierereien, Beschimpfungen oder gar Bedrohungen gab. Davor hatten die '48er zwar durchaus Angst, doch Anfeindungen blieben komplett aus, berichten sie beim SVL beinahe ein wenig erstaunt.

Als Bassam El Daroub seine Geschichte fast zu Ende erzählt hat, geht er zu seinen Jungs, spielt noch ein paar Bälle und beginnt dann, das Training vorzubereiten. Lächelnd begrüßt er Kinder, Eltern und Trainerkollegen, trägt Tore an die richtige Stelle und baut Hütchen auf. Schon längst arbeitet er nicht mehr nur als ehrenamtlicher Fußballtrainer, sondern absolviert ein Praktikum bei der Sparkasse mit Chancen auf eine Ausbildung. Doch es liegt auch ein Schatten über seinem neuen Leben, berichtet er am Ende des Gesprächs. Ihm und seiner Familie droht die Abschiebung. Anfang 2017 kam der Bescheid. „Als dieser Brief kam, war das ein Schock", sagt er. Er muss nun vor Gericht schildern, dass er und seine Kinder im Libanon tatsächlich nicht sicher sind. Wie bereits 2014, als er nach Leipzig kam, hat er sich vorgenommen: „Ich muss kämpfen, ich muss arbeiten und hier bleiben." Auch weil seine Söhne nicht verstehen würden, warum sie ihre neue Heimat Leipzig-Lindenau plötzlich wieder verlassen müssten. Die El Daroubs kämpfen nun in einem monatelangen Gerichtsprozess um ihr Bleiberecht. Unterdessen dreht sich das Leben weiter: Der sieben Jahre alte Ralph, der bei Bambini- und F-Jugend-Turnieren zu den talentiertesten Fußballern seines Jahrgangs gehört, wurde von den Scouts von RB Leipzig in diversen Probetrainings für die U8 des Bundesligisten ausgewählt. Natürlich ist Bassam El Daroub unheimlich stolz darauf, dass sein Sohn nun für den Nachwuchs eines Champions-League-Teilnehmers aufläuft. Vor allem aber, dass seine Kinder hier im Gegensatz zu ihrem Geburtsland Libanon eine Perspektive haben – vorausgesetzt, sie dürfen in Deutschland bleiben.

Die El Daroubs müssen um ihr Bleiberecht kämpfen.

Mädchen auf die Bolzplätze

Initiative Kicking Girls

Der deutsche Fußball boomt – doch Mädchen im Grundschulalter sind deutlich unterrepräsentiert. Es fehlt an Spielmöglichkeiten, Teams und Akzeptanz. Die Organisation *Kicking Girls* will das ändern und vor allem junge Migrantinnen und sozial schwache Mädchen an den Fußball und die Vereine heranführen.

Leipzig – Auf dem großen Platz des Leipziger Klubs SV West 03, Nachbarverein des SV Lindenau, wuseln an einem Mittwochnachmittag im Juni etwa 40 Kinder umher. Jubel, Schreie, Tränen – die typische Soundkulisse eines Kinder-Fußballturniers eben. Und doch ist dieses Turnier etwas ganz Besonderes: Auf dem Platz kicken ausschließlich Mädchen im Grundschulalter – eine Seltenheit in der Fußballnation Deutschland. Unter den 7,04 Millionen Mitgliedern des DFB sind lediglich 322.409 Mädchen im Alter bis 16 Jahre. Darüber, wie viele Mädchen im Grundschulalter kicken, gibt es keine Angaben. „Es fehlt vor allem in der Altersklasse bis zehn Jahre an Mannschaften, Ligen, Vereinen und Akzeptanz für Mädchen – schlicht Möglichkeiten, sich im Fußball auszuprobieren", sagt Katharina Althoff vom Verein Integration durch Sport und Bildung.

Das Projekt *Kicking Girls,* das von Althoff mitorganisiert wird, will das ändern und mehr Mädchen auf die Bolzplätze und in die Vereine bringen. Durch die im niedersächsischen Oldenburg entstandene Initiative finden mittlerweile 261 Arbeitsgemeinschaften an Grundschulen statt, in denen wöchentlich 4.100 Mädchen erste Fußballerfahrungen machen können.

Kickings Girls engagiert sich vor allem in sozial schwachen Vierteln, wo viele Mädchen mit Migrationshintergrund wohnen, die ohne die Initiative, oft auch aus kulturellen und religiösen Gründen, keinen Zugang zum Fußball hätten. Wenn Mädchen Fußball spielen wollen, ist das noch immer nicht selbstverständlich – auch bei deutschen Familien. „Es gilt nach wie vor, klassische Stereotype aufzubrechen", sagt Althoff. Dass so wenige fußballbegeisterte Mädchen nach der Grundschule auch den Schritt in einen Verein schaffen, sei ein „Riesenproblem". Da Gelder der Verbände oft nicht bis in die Kreise vordringen beziehungsweise zu wenige bereitgestellt werden, ist auch die finanzielle Förderung für Projekte dieser Art kompliziert, *Kicking Girls* muss immer wieder darum kämpfen, sein Budget aufrechtzuerhalten.

Heike Säuberlich, die das Projekt im Leipziger Fußballverband betreut und auch das erste Mädchenturnier organisiert hat, weiß aus ihrer täglichen Arbeit an den Schulen, welch zahlreiche Hürden es gibt, um Grundschülerinnen Fußball zu ermöglichen.

Frau Säuberlich, was ist die Mission von *Kicking Girls*?
Heike Säuberlich: Wir wollen Mädchen im Grundschulalter für Fußball begeistern und ihnen Möglichkeiten geben, sich im Fußball auszuprobieren. Über Angebote an den Schulen wollen wir sie an Vereine heranführen, als Spielerinnen und später vielleicht auch als Übungsleiterinnen oder Schiedsrichterinnen.

Warum ist es für viele Mädchen eine so große Hürde, mit Fußball anzufangen? Fußball gilt nach wie vor als Sport für Jungs. Der Run, als fußballbegeisterte Mädchen nach der Frauen-WM 2011 in die Vereine kamen, war nach ein, zwei Jahren recht schnell vorbei. Viele Eltern betrachten Fußball nach wie vor nicht als Sport, der für ihre Mädchen geeignet ist. Ich erlebe viele Familien, in denen die Jungs

> „Viele Eltern betrachten Fußball nach wie vor nicht als Sport, der für ihre Mädchen geeignet ist."

im Fußball gefördert werden und die Eltern ganz erstaunt sind, dass ihre Tochter ja auch Fußball spielen kann und will.

Also aufgrund von gesellschaftlichen Konventionen? Es gibt sogar Lehrer und Lehrerinnen, die Fußball nicht als einen Sport ansehen, den Mädchen ausüben sollten. Diese Auffassung ist selbst bei Pädagogen immer noch verbreitet. Auch die Mädchen selbst begeistern sich aufgrund tradierter Rollenzuschreibungen eher für Gymnastik, Tanzsport oder Tennis. Fußball ist dabei auf der Strecke geblieben. Unser Ziel ist es, Mädchen wieder mehr zum Teamsport und in die Vereine zu bringen, damit sie etwa Zusammengehörigkeitsgefühl oder Fairplay kennenlernen.

Von über 17.000 aktiven Fußballerinnen und Fußballern in Leipzig sind nur etwa 200 Mädchen im Grundschulalter. Gibt es in dieser Altersklasse überhaupt reine Mädchenteams? Diese 200 Mädchen spielen nahezu kom-

„Hier darf ich endlich mal Fußball spielen": Teilnehmerinnen der Trainingsangebote von Kicking Girls.

plett in Jungsmannschaften mit. Die drei Mädchenmannschaften, die es gibt, kicken in ihren Ligen gegen Jungs. Das schreckt viele Mädchen ab.

Wie funktioniert das Prinzip von *Kicking Girls* konkret? Wir gehen in die Schulen und versuchen dort, reine Mädchenfußball-Gruppen als Ganztagesangebote zu etablieren. Viele Mädchen brauchen zunächst ein geschlossenes Umfeld mit Trainerinnen, um die ersten Schritte auf einem Fußballfeld zu machen. Steht dort ein Mann, haben viele Mädchen Hemmungen, beziehungsweise viele dürfen erst gar nicht bei einem Mann trainieren.

Warum? Aus religiösen und kulturellen Gründen oder weil die Eltern es einfach nicht für gut befinden, dass ihre Tochter von einem Mann angeleitet wird. Wenn die Angebote jedoch innerhalb der Schule stattfinden, dürfen viele Mädchen viel eher Fußball spielen, als wenn das außerschulisch angeboten würde. Ich hatte einen Fall, in dem ein afghanischer Vater kontrolliert hat, ob seine Tochter tatsächlich von einer Frau trainiert wird und dass sich auch kein Junge in der Halle befindet. Bei einem anderen Fall kam immer die große Schwester einer Spielerin mit, um auf sie aufzupassen.

Liegt der Schwerpunkt auf der Arbeit mit Migrantinnen und sozial schwachen Mädchen? Wir haben gerade in den DAZ-Klassen (Deutsch

Organisiert Kicking Girls in Leipzig: Heike Säuberlich.

„Oft dürfen Mädchen gar nicht auf den Bolzplätzen in den Schulhöfen spielen, weil die von Jungs blockiert werden, die die Mädchen auch wegjagen."

als Zweitsprache, Anm. d. Autors) die Möglichkeit, junge Migrantinnen durch den Sport in die Gemeinschaft zu integrieren. Da werden erste Freundschaften innerhalb von wenigen Tagen geschlossen.

Warum brauchen Mädchen zunächst geschützte Räume, um sich auszuprobieren? Viele schämen sich am Anfang, weil sie zum Teil in den Grundschulen von den Jungs, die häufig schon länger spielen, ausgelacht werden. Oft dürfen Mädchen gar nicht auf den Bolzplätzen in den Schulhöfen spielen, weil die von Jungs blockiert werden, die die Mädchen auch wegjagen. Wenn die Mädchen dann zum ersten Mal zu unseren Ganztagesangeboten kommen, sind viele voller Freude und Stolz und sagen: Hier darf ich endlich mal Fußball spielen!

Müssen die Mädchen zunächst zum Fußball überredet werden und erst einmal Scheu ablegen? Ich habe es so erlebt, dass alle mit sehr großer Euphorie gestartet sind. Dann merken in der Regel nach einiger Zeit ein, zwei Kinder, dass Fußball doch nichts für sie ist. Aber mindestens 90 Prozent der Grundschülerinnen bleiben in den Schulangeboten. Die Schwierigkeit ist, das dann auch auf Vereine zu übertragen, die das weiterführen.

Wie lange dauert es, bis die Mädchen genügend Selbstbewusstsein und Zutrauen entwickelt haben, um auch im Verein zu spielen? Meist nur ein halbes Jahr, wenn sie als geschlossenes Team zu einem Verein kommen könnten. Einzeln dauert es deutlich länger. Über einen Fußballtag, an dem wir ein Turnier mit verschiedenen Mädchenteams organisieren, versuchen wir, Vereine mit ins Boot zu holen.

Einige der Mädchen sehen bei diesen Turnieren zum ersten Mal überhaupt einen Pokal und Medaillen. Einige Mädchen kennen weder einen Rasenplatz noch Tore, einen Schiedsrichter oder Vereinsleben. Beim Schulfest haben die Siegerinnen ihren Pokal präsentiert und die gesamte Woche über voller Stolz berichtet, dass sie Medaillen gewonnen haben. Das schafft auch Akzeptanz bei den Jungs.

Wie reagieren die Vereine? Einige sind engagiert. Doch der Großteil öffnet sich dem Mädchenfußball nicht wirklich. Die nehmen zwar die ein, zwei Mädchen auf, die begabt sind, und lassen die bei den Jungs mitspielen. Aber die Erfahrung zeigt, dass das Gros dieser Mädchen im Alter von zwölf, 13 Jahren mit dem Beginn der Pubertät ganz mit Fußball aufhört, weil sie merken, dass sie athletisch nicht mehr mit den Jungs mithalten können.

Nehmen Sie diese Situation eigentlich als unterschwellige Form des Sexismus wahr? Vereinzelt schon. Es gibt eben Klubs, die sich dem Mädchenfußball generell verschließen. Es gibt auch immer noch Funktionäre, die Frauenfußball nicht als richtigen Fußball anerkennen. In meiner Frauenmannschaft konnte ich mir auch schon bei einer Platzbegehung anhören: „Die Männer hätte ich heute aufgrund der Platzverhältnisse nicht spielen lassen. Aber für Frauen reicht der Platz ja aus." Aber innerhalb der Jungsteams haben Mädchen oft einen sehr hohen Stellenwert, auch bei den Trainern. Das ist auch eine Generationenfrage.

Sie haben die *Kicking Girls* über ein Jahr hinweg begleitet. Was hat sich in dem Jahr verändert? Unsere Mädchen treten heute ganz anders auf als

vor einem Jahr, viel selbstbewusster auch den Jungs gegenüber in der Schule. Sie verteidigen ihre Ansichten und betrachten den Fußballplatz während des Trainings als ihr Revier. Enorm gewachsen ist auch der Teamgedanke, das Zusammengehörigkeitsgefühl unter den Spielerinnen.

„Enorm gewachsen ist auch der Teamgedanke, das Zusammengehörigkeitsgefühl unter den Spielerinnen."

Welche Hürden sehen Sie bei Ihrer künftigen Arbeit? Ich habe große Befürchtungen, dass wir bei der Integrationsarbeit und im Mädchenfußball in Leipzig wieder bei Null dastehen, wenn meine halbe Stelle beim Leipziger Fußballverband 2018 ausläuft. Es fehlt enorm an weiblichen Trainerinnen, Geldern für Aufwandsentschädigungen und Turnhallen. Die für Maßnahmen und Stellen notwendigen Gelder werden im Fußball oft nicht bis in die Kreisverbände verteilt, wo die konkrete Arbeit vor Ort stattfindet. Wir haben mit wenigen Mitteln schon vieles angestoßen, aber unter diesen Voraussetzungen wird es schwierig, das aufrechtzuerhalten.

„Wir wollen uns nicht mehr ghettoisieren"

Interview mit Alon Meyer, Präsident von Makkabi Frankfurt und seit 2013 Präsident des Dachverbandes Makkabi Deutschland

Leipzig / Frankfurt am Main – Alon Meyer (Jahrgang 1974) verkörpert seit 2007 als Präsident von Makkabi Frankfurt und seit 2013 als Präsident des Dachverbandes Makkabi Deutschland selbstbewusstes, vielfältiges jüdisches Zusammenleben mit Menschen aus aller Welt und aller Religionen. Nach einer „Juller"-Aufführung war er zu Gast bei einer Podiumsdiskussion auf der Theaterbühne, zu der die Rasenballisten – aktive, ultraaffine Fans von Rasenballsport Leipzig – eingeladen hatten. Im anschließenden Interview berichtet er über Attacken mit Messern und Baseballschlägern, denen er als Kind aufgrund seines Glaubens ausgesetzt war, die erhebliche Verbesserung der Situation in

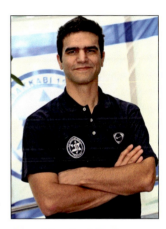

„Agieren statt reagieren": Alon Meyer

vielen Großstädten und Probleme in den Peripherien, wo vielerorts noch immer „schlechte bis sehr schlechte Zustände" herrschten, neuen Antisemitismus und Missstände auch im Profifußball.

Herr Meyer, Ihr Vater musste als Kind in den 1930er Jahren vor den Nazis aus Berlin nach Palästina fliehen. Sie sind in Frankfurt am Main geboren. Wie sind Sie als Heranwachsender mit Antisemitismus konfrontiert worden?

Alon Meyer: Eigentlich ständig. Ich habe mich schon in der Schule immer offen zum Judentum bekannt. Dass man sich damals als Jude outete, war nicht selbstverständlich. Es gab mehrere jüdische Schüler, die das nicht wollten und ihre Religion nicht angegeben haben. Mein Vater hat Makkabi Frankfurt 1965 mitbegründet, und ich selbst habe sehr früh begonnen, bei Makkabi zu spielen und zu trainieren. Immer, wenn jemand meinte, etwas Judenfeindliches sagen zu müssen, habe ich das abbekommen.

Inwiefern? Wir haben als Nachwuchsfußballer eigentlich immer verloren: entweder durch eine Niederlage im Spiel, oder wenn wir gewonnen hatten, wurden wir geschlagen, haben Brüche und Schnittwunden erlitten und mussten mit Polizeischutz nach Hause gebracht werden. Ich habe viel erlebt, und es war meine Intention, für Veränderungen zu sorgen. Also dagegen zu kämpfen, dass sich jüdische Jugendliche verstecken und Angst haben müssen, Opfer von Gewalt und Diskriminierung zu werden.

Schnittwunden, sagten Sie? Wir haben rund um Makkabi-Spiele Angriffe mit Messern, Schlagbolzen und Baseballschlägern erlebt, wurden mit körperlicher, verbaler und psychischer Gewalt konfrontiert – persönlich und auch durch Anrufe oder E-Mails.

Nicht nur bei Makkabi, sondern auch bei Eintracht Frankfurt, dem Verein, dem Sie und Ihr Vater seit vielen Jahren als Dauerkartenbesitzer verbunden sind? Mein bester Freund und ich wurden als Kinder von Eintracht Frankfurt gesichtet, sind dann in der D-Jugend von Makkabi zur Eintracht gewechselt. Wir wurden dort von Mitspielern immer wieder als „Jude 1" und „Jude 2" tituliert. Als wir das dem Trainer sagten, zuckte der nur mit den Schultern und fragte: „Was soll ich denn machen?" Das war der Grund, dass wir die Reißleine gezogen haben und vorzeitig zurück zu Makkabi gewechselt sind, weil wir die Hänseleien einfach nicht mehr hinnehmen wollten.

> „Wir wurden von Mitspielern immer wieder als ‚Jude 1' und ‚Jude 2' tituliert."

Wie hat sich die Situation für Fußballer jüdischen Glaubens mittlerweile bei Makkabi Frankfurt und Makkabi Deutschland generell geändert? Wir haben uns vor zehn Jahren gesagt, dass wir aufhören müssen, zu reagieren, und beginnen müssen, zu agieren. Vor Spielen, in denen wir Anfeindungen befürchteten, sind wir in der Woche vor den Begegnungen zum Training der Gegner gegangen und haben die Kommunikation gesucht. Wir haben einfach gezeigt, dass wir ganz normale Menschen sind und nicht den Hass abbekommen sollten, der vielleicht durch Israels Politik oder Vorurteile herrscht, und dass wir ein Verein sind, in dem Moslems, Christen und Juden zusammenspielen. Seitdem wir das machen, erfahren wir den Zuspruch der kompletten Stadtgesellschaft.

Zum Beispiel? Seit 2015 fährt hier eine Straßenbahn, die mit jüdischen Werten bedruckt ist, die wurde nicht beschmiert oder dergleichen. Gerade bekommen wir ein neues Vereinsgelände mit vier neuen Fußballplätzen und einem dreistöckigen Gebäude. Das wird von der Albert Speer und Partner GmbH geplant, deren Gründer Albert Speer junior (heute Gesellschafter und Mitglied der Geschäftsleitung, Anm. d. Autors) der Sohn des ehemaligen Rüstungsministers der Nazis ist. Und Makkabi-Trainingsanzüge zu tragen, ist mittlerweile bei Farbigen und Weißen, bei Moslems, Juden und Christen regelrecht angesagt. Und keiner schämt sich. Das zeigt, dass wir inmitten der Gesellschaft akzeptiert und angekommen sind.

Müssen Sie noch immer Woche für Woche die Ansetzungen aller Teams durchgehen, um Spiele mit Gefahrenpotenzial herauszufiltern? Nicht mehr regelmäßig, es wird immer besser. Aber vor Kurzem war das mal wieder nötig, als unsere erste Mannschaft um den Aufstieg spielte. Da hatte es in den Hinspielen bei drei Spielen unserer Junioren antisemitische Ausschreitungen gegeben, weswegen wir die Polizei informieren mussten und Verbandsaufsicht beauftragt haben. Dadurch war die Situation bei den Rückspielen tiefenentspannt.

Und außerhalb Frankfurts? Frankfurt ist ein Kokon. Ebenso wie einige andere Großstädte auch. In den Peripherien herrschen leider auch noch schlechte bis sehr schlechte Zustände.

> „In den Peripherien herrschen leider auch noch schlechte bis sehr schlechte Zustände."

Wie erfahren Sie von Vorfällen, und wie dokumentieren Sie das? Wir bekommen Informationen, wenn es gravierendere Vorfälle gibt. Wenn sie ein gewisses Maß überschreiten, machen wir das auch öffentlich. Wenn ein Vater eines Spielers bei einem F-Jugend-Spiel „Judensau" sagt oder wir hören: „Euch hat man vergessen zu vergasen" – was schlimm genug ist –, lassen wir das meist intern.

Das kommt aktuell vor? Natürlich, das kommt immer noch vor. Mittlerweile seltener – vor allem in Frankfurt und den Großstädten. Aber wenn Sie so etwas an die große Glocke hängen, haben wir deutschlandweit in jeder Woche fünf Vorfälle. Wenn es hingegen handgreiflich wird oder wenn verbale Attacken von einer Mehrzahl von Leuten ausgehen, muss man sich dagegenstellen, dann muss vonseiten des Verbands oder auch strafrechtlich reagiert werden.

Gibt es Regionen in Deutschland und Sportarten, die Ihnen besonders Sorge bereiten? Diskriminierungen passieren nicht beim Schach, nicht beim Volleyball und nicht beim Kinderturnen, sondern allen voran beim Fußball, auch beim Tischtennis, beim Basketball und Handball. Vor allem sehr emotionale Sportarten und Disziplinen mit Körperkontakt sind betroffen.

Warum im Tischtennis? Weil das eine Sportart ist, in der es emotional hoch hergeht. Da fallen manchmal Ausdrücke, die nicht fallen sollten und nicht tolerierbar sind. Und es passiert meist in unterklassigen Ligen. Wenn es Vorfälle im Fußball bei Makkabi Berlin gibt, dann nicht bei Spielen der ersten Mannschaft, die in der Landesliga spielt, sondern meist bei der vierten Mannschaft, die in der Kreisliga B antritt. Da geschehen Anfeindungen sehr exzessiv, und wir erkennen, dass es im Osten Deutschlands noch vermehrt rechte Gewalt gibt. In den Großstädten hauptsächlich im westlichen Teil des Landes haben die meisten Attacken muslimischen beziehungsweise arabischen Hintergrund.

Wie problematisch ist dieser sogenannte neue Antisemitismus, die Israelfeindlichkeit, die Ihnen entgegenschlägt? Von diesen Personen geht ein Antizionismus aus. Die Idee eines zionistischen Staates ist nichts anderes als ein sicherer Hafen für Juden auf der ganzen Welt nach jahrhundertelanger Verfolgung. Wer diesen Staat bedroht und Antizionist ist, ist in meinen Augen ein Antisemit.

Gehen Diskriminierungen und Gewalt eher von den Sportlern oder von Zuschauern aus? Meist von Zuschauern, die sich in der Anonymität verstecken und die Aggressivität hereinbringen. Das ist am schlimmsten. Wenn ein Spieler etwas tut, kann man dagegen vorgehen, und er muss mit Konsequenzen rechnen. Bei Zuschauern ist das deutlich schwieriger.

Sie sind regelmäßig auch in den Stadien von Profiklubs zu Gast. Wie nehmen Sie die Entwicklung in den Fanszenen wahr? Der Antisemitismus steckt auch in einigen großen Fanszenen noch drin. Viele Vereine, aber bei Weitem nicht alle und noch nicht genügend, nehmen sich des Themas an. Doch es gibt noch immer vielerorts Missstände. Beispielsweise mussten Israelflaggen in den Stadien entfernt werden, weil das als Provokation wahrgenommen werden kann.

> „Viele Vereine, aber bei Weitem nicht alle und noch nicht genügend, nehmen sich des Themas an."

Und das in deutschen Stadien! Aber wir tun sehr viel dafür, dass Vereine und Sicherheitspersonal da sensibler reagieren. Wogegen wir zu wenig tun, ist der neue Antisemitismus, der sich auch in Diskriminierung seitens der Vereine wegen der Macht des Geldes ausdrückt. Israelische Spieler werden zum Teil gar nicht gekauft, weil sie dann Probleme haben, die mit ins Trainingslager nach Dubai zu nehmen. So geschehen bei Munas Dabbur, der 2017 nicht nach Dubai einreisen durfte, weshalb sein Verein Red Bull Salzburg ohne ihn geflogen ist. Das ist eine neue Art der Diskriminierung. Ich bin gespannt, wie sich die FIFA der Sache annimmt.

Von Ultras organisierter Fußballtalk auf der Theaterbühne: Podiumsdiskussion mit Sportjournalist Ronny Blaschke und Alon Meyer sowie Moderator Matthias Kießling und TdJW-Indendant Jürgen Zielinski (von links).

Was berichten Ihnen denn die israelischen Spieler in der Bundesliga? Die freuen sich, dass Deutschland so offen ist. Generell ist Deutschland, vor allem Berlin, bei Israelis sehr beliebt. Es gibt bis zu 40.000 Israelis, die momentan in Berlin leben. Es gibt wenige Länder auf der Welt, wo Juden und Israelis sich so sicher fühlen können wie in Deutschland. Nichtsdestotrotz gilt es, weiter gegen den immer wieder aufkeimenden Antisemitismus anzukämpfen. Das klappt hier in Deutschland sehr, sehr gut.

Für ein selbstbewusstes Bild jüdischer Kultur in Deutschland stehen Sie auch als junger Makkabi-Präsident. Das ist mir ganz wichtig. Ich will auch nicht derjenige sein, der mit erhobenem Zeigefinger durch Deutschland läuft. Ich freue mich über das, was wir erreicht haben, das ist sensationell. Aber wir Juden haben uns das hier in Deutschland schon einmal wegnehmen lassen. Das darf sich nie mehr wiederholen. Deswegen dürfen wir nicht mehr tatenlos zusehen und wegschauen.

Was war Ihre Intention, die Makkabi-Games 2015 in Berlin zu veranstalten? Das Bild Deutschlands ist in Bezug auf jüdisches Leben hierzulande in den ausländischen Medien schlechter als die Realität. Leute aus Süd- und Nordamerika hätten es nicht für möglich gehalten, dass jüdisches Leben in Deutschland wieder sehr gut möglich ist. Wir haben es geschafft, viele jüdische Sportler nach Deutschland zu bringen und ihnen neues deutsch-jüdisches Selbstverständnis

Buch- bzw. Wimpeltausch: Theatermacher Zielinski und Makkabi-Manager Meyer.

zu zeigen und Deutschland damit auch nachhaltig im Ausland richtig in den Medien darzustellen. Das war mir sehr wichtig, denn in erster Linie bin ich ein stolzer Deutscher.

Was ist der Kern der Botschaft, die Sie mit der Makkabi-Sportbewegung in Deutschland transportieren wollen? Wir wollen eine Plattform für Deutsche jüdischen Glaubens bieten, die bei uns Sport treiben können. Genauso wichtig ist es, dass Mitglieder anderer Glaubensrichtungen in einem jüdischen Verein Berührungsängste verlieren können und wir für Aufklärung sorgen. Kinder lernen bei uns die Offenheit kennen, interreligiös Sport zu treiben – ohne Vorurteile.

Wie viel Prozent machen nichtjüdische Sportler bei Makkabi Frankfurt aus? Etwa 60 Prozent. Wir wollen uns nicht mehr ghettoisieren, das hatten wir jahrelang – kein Ghetto mehr!

Mit Kreshnik B. hat sich ein Spieler Ihres Vereins radikalisiert und ist für den IS in den Krieg gezogen. Wie sehr beschäftigt Sie es, dass so etwas bei Makkabi Frankfurt passieren konnte? Das beschäftigt mich immer noch. Es gibt bei uns im Verein auch Mitglieder, die mich fragen, ob es wirklich sein muss, dass wir so offen sind und beispielsweise Schwimmkurse für muslimische Frauen organisieren. Die haben im Hinterkopf, dass einer unserer Sportler innerhalb von zwei Jahren ein islamistischer Terrorist geworden ist. Wir schauen jetzt schon etwas genauer bei der Zusammenstellung der Nachwuchsmannschaften hin. Aber wir denken nicht daran, den Weg der Offenheit, den wir eingeschlagen haben, wieder zurückzugehen. Wir spüren jeden Tag 24 Stunden lang, dass dieser Weg der richtige ist.

Wie ist ihr Verhältnis zum DFB? Was wünschen Sie sich von den großen Verbänden? Wir haben etwa bei den Makkabi-Games große Unterstützung des DFB erfahren, organisatorisch und finanziell. Wir pflegen einen sehr guten direkten Draht. Der DFB hat sich mit seiner Geschichte auseinandergesetzt. Wie sich der DFB mit seiner Vergangenheit und jüdischer Geschichte in Deutschland befasst, ist aus meiner Sicht vorbildlich. Erfolge wie diese spornen mich tagtäglich an. Mein Ziel ist es, das, was wir in Frankfurt und anderswo sowie überregional erreicht haben, auch auf möglichst viele weitere Städte und Regionen zu übertragen.

Mit Fußballfans in Auschwitz

Interview mit Daniel Lörcher,
Fanbeauftragter von Borussia Dortmund

Dortmund/Lublin/Oświęcim (Auschwitz) – Seit 2011 unternehmen die Fanbeauftragten von Borussia Dortmund mit den BVB-Fans mehrtägige Gedenkstättenfahrten nach Auschwitz und Lublin, um sich vor Ort ein Bild von der Massenvernichtungs-Industrie der Nationalsozialisten, aber auch von jüdischem Leben in Polen zu machen. Insgesamt etwa 500 BVB-Anhänger haben diese Bildungsreisen seither mitgemacht und sind zu Multiplikatoren in der Fanszene geworden. Seit 2013 ist Daniel Lörcher als einer von inzwischen zehn Fanbeauftragten beim BVB für die Antirassismus- und Antidiskriminierungsarbeit zuständig. Der Leiter der Abteilung Fanangelegenheiten, Jahrgang 1985,

„Gegen rechte Strömungen positionieren": Daniel Lörcher vom BVB.

war einst als einer der Vorsänger auf der Südtribüne in der Ultraszene des BVB engagiert. Heute kümmert er sich verstärkt um Bildungsarbeit, um den Problemen des BVB mit Rechtsradikalismus und Gewalt präventiv zu begegnen. Im Interview berichtet er über die besondere Rolle von Borussia Dortmund bei Gedenkstättenfahrten, das Konzept der Borussia gegen Rassismus und Gewalt sowie die aktuellen Probleme auf der Südtribüne mit einer neuen Generation Neonazis und enthemmter Gewalt, wodurch ein „Klima der Angst" unter vielen aktiven Mitgliedern der schwarz-gelben Fanszene entstanden ist.

Herr Lörcher, wenn in der Fußball-Bundesliga Sommerpause ist, besuchen Sie regelmäßig mit Fans von Borussia Dortmund Konzentrations- und Vernichtungslager. Sie kommen gerade von einer Reise zurück
Daniel Lörcher: Wir waren in diesem Sommer mit 32 BVB-Fans zum vierten Mal für eine Woche im polnischen Lublin, wo wir die Spuren von Dortmunder Jüdinnen und Juden verfolgen, die im April 1942 in das Ghetto *Zamość* depor-

„BVB-Shirts haben einige an": Vernichtungslager Sobibór.

tiert wurden. Die Menschen sind dort entweder bei der Zwangsarbeit ums Leben gekommen oder in den Vernichtungslagern Sobibór, *Bełżec* und Majdanek ermordet worden. Wir beschäftigen uns zum einen mit den Menschen aus Dortmund, die dort umgebracht wurden, zum anderen mit jüdischem Leben in Lublin, das durch die „Aktion Reinhardt"* ausgelöscht wurde.

Was können Sie mit den Teilnehmern konkret vor Ort erarbeiten? Wir haben im Melderegister des damaligen Ghettos Wohnanschriften von Dortmunderinnen und Dortmundern gefunden, die mit dem Zug nach *Zamość* deportiert wurden. Es gibt zudem einen sehr eindrücklichen Brief von der ältesten von drei Schwestern, die ihren Eltern von der Ankunft an der Rampe dort berichtet, der Zwangsarbeit auf einem Friedhof und den Zuständen in ihrem Wohnhaus. Wir bewegen uns entlang dieser Orte und lesen die entsprechenden Teile des Briefs. Durch dieses persönliche Schicksal mit lokalem Anknüpfungspunkt erfahren wir mehr über die Struktur und das Leben in einem Ghetto. Wir erleben also, wie diese Ghettos überall im Dritten Reich funktioniert haben.

„Ich halte es für einen Fehler, nur mit jungen Menschen dahin zu fahren. Es gibt für Erwachsene kaum Bildungsangebote, dabei ist es für eine Fanszene genauso wichtig, Erwachsene nicht davon auszuschließen."

Wer sind die Teilnehmer der Fahrten? Wir schreiben die Fahrten öffentlich aus, geben das Angebot an alle Fanklubs weiter und sprechen zudem gezielt Fans an. Einige Fans, die mit uns auf der Gedenkstättenfahrt in Auschwitz waren, interessieren sich auch weiter für das Thema und fahren im Jahr darauf mit nach Lublin.

---

* Im Zuge der „Aktion Reinhardt" wurden zwischen Juli 1942 und Oktober 1943 über zwei Millionen Juden sowie rund 50.000 Roma aus den fünf Distrikten (Warschau, Lublin, Radom, Krakau und Galizien) des Generalgouvernements (deutsch besetztes Polen und Ukraine) in den drei Vernichtungslagern Bełżec, Sobibór und Treblinka ermordet.

„Unsere Arbeit führt dazu, dass Leute aktiv werden und sich vernetzen": Vernichtungslager Bełżec.

Wie heterogen sind die Gruppen? Es kommt darauf an, dass Teilnehmer aus möglichst vielen verschiedenen Fanklubs zusammenkommen, die dann als Multiplikatoren in ihren Fanklubs und ihren Freunden darüber berichten. Auch was das Alter angeht, sind die Fans total gemischt. Die Altersspanne der Teilnehmer liegt zwischen 18 und 72 Jahren. Ich halte es für einen Fehler, nur mit jungen Menschen dahin zu fahren. Es gibt für Erwachsene kaum Bildungsangebote, dabei ist es für eine Fanszene genauso wichtig, Erwachsene nicht davon auszuschließen. Ein weiterer Vorteil für uns ist, dass auf diese Weise Fans von der Südtribüne mal mit einem Sitzplatz-Dauerkarteninhaber in Kontakt kommen und sich auf anderer Ebene austauschen.

Fußballfans sind nicht unbedingt für ihre Sensibilität bekannt. Bringen alle das nötige historische Bewusstsein mit? Wir befinden uns in der außerschulischen Bildung, also fahren alle Teilnehmer freiwillig mit. Zwar erwarten nicht alle ein so anspruchsvolles Programm, wie wir es bieten, aber alle bringen das nötige Grundinteresse mit.

Fußballanhänger tragen bei gemeinsamen Fahrten üblicherweise Fanutensilien. Wie treten die Fans bei dieser etwas anderen Auswärtsfahrt in einem Todes- und Vernichtungslager auf? Schals trägt keiner, aber BVB-Shirts haben schon einige an. Das ist auch nichts, was wir seltsam finden. Wichtig ist uns, dass man mit dem Ort respektvoll umgeht. Aber da hatten wir noch nie Probleme. Wir geben nur einige informative Hinweise, was Fotos angeht oder das Rauchverbot auf dem Gelände.

Wie sind die Reaktionen der Fans bei der jüngsten Fahrt ausgefallen? Wir haben in diesem Jahr zum Abschluss der Reise das Konzentrationslager Majdanek besucht, wo die „Aktion Reinhardt" im November 1943 mit einem koordinierten Massenmord – der sogenannten Aktion Erntefest – abgeschlossen wurde, wobei binnen eines Tages 43.000 Jüdinnen und Juden umgebracht wurden. Dieser Besuch war für alle Beteiligten deutlich intensiver, als das bisher der Fall war. Wir haben an den Orten, wo sich die Massengräber befunden haben, Berichte von Opfern und Tätern gelesen. Darauf haben viele Fans sehr bewegt reagiert, wohl deshalb, weil ihnen bewusst wurde, dass spätestens hier die letzten von insgesamt über zwei Millionen ermordeten Juden ums Leben gekommen sind. Das war ein eindrücklicher Abschluss dieser Reise.

Wie arbeiten Sie die Erlebnisse der Reisen im Nachgang auf? Wir machen jeden Abend eine Auswertungsrunde, in der wir inhaltliche Rückfragen klären und die Fans uns ihre persönlichen Eindrücke schildern. Dazu gibt es mit etwas Abstand ein Nachbereitungsseminar, in dem es vor allem darum geht, den Blick auf das Heute zu richten. Wir diskutieren über die Fragen: Welche Probleme gibt es diesbezüglich in unserer Gesellschaft und auch beim BVB? Wie und wo kann ich mich beim BVB und anderswo etwa gegen Rassismus engagieren?

Sie haben 2015 in Israel im TV über das Engagement des BVB berichtet. Wie wird Ihre Arbeit dort gesehen? Das war zum 70. Jahrestag des Gedenkens an den Holocaust, der Feiertag heißt Jom haScho'a. Das war ein sehr eindrückliches und spannendes Erlebnis für mich und eine tolle Gelegenheit für den BVB, um unsere Erinnerungsprojekte vorzustellen. Ich habe dort beispielsweise Überlebende des Konzentrationslagers Theresienstadt getroffen, die viel darüber wissen wollten, wie wir das Grauen von damals heute mit den Fans thematisieren. Wir haben hier viel positives Feedback erhalten.

Aus welchen Beweggründen hat sich der BVB 2008 entschieden, diese Fahrten anzubieten? Meine Kollegen haben 2008 mit Tagesgedenkstättenfahrten begonnen, bei denen sie beispielsweise die Auswärtsfahrt zum FC Bayern München mit einem Besuch des KZ Dachau verbunden haben. Ausgangspunkt war die Erkenntnis, dass wir beim BVB definitiv ein Problem mit rechten Fans haben und man gegensteuern muss. Um uns gegen die rechten Strömungen zu positionieren und Fans zu stärken, die nicht rechts sind oder sich noch nicht gefunden haben, wollten wir ein Angebot schaffen. Diese Gedenkstättenfahrten sind aber keine Erfindung des BVB, wir haben die vorhandenen Projekte erst einmal in Anspruch genommen und später für uns passend weiterentwickelt.

> „Ausgangspunkt war die Erkenntnis, dass wir beim BVB definitiv ein Problem mit rechten Fans haben und man gegensteuern muss."

Mittlerweile genießt Borussia Dortmund den Ruf, bezüglich der Antirassismus- und Antidiskriminierungsarbeit eine Vorreiterrolle einzunehmen. Wir investieren viel Zeit in diese Projekte und werden durch einen sehr guten Historiker unterstützt, der zu dem Themenfeld arbeitet und viel Erfahrung mit Bildungsreisen hat. Hinzu kommt unsere wissenschaftliche Beratung durch die Kompetenzgruppe Fankulturen und Sport bezogene Soziale Arbeit (KoFaS). Davon haben wir unglaublich profitiert. An vielen Stellen waren wir innovativ und mutig und haben Dinge ausprobiert, um selbst daraus zu lernen. Wir sehen uns in dieser Hinsicht aber nicht im Wettbewerb zu anderen Bundesligaklubs, sondern arbeiten mit Fanbeauftragten und Fanprojekten anderer Vereine eng zusammen und geben unsere Erfahrungen weiter und greifen auf Erfahrungen von Kollegen zurück.

Welche Rolle spielt Antirassismus- und Antidiskriminierungsarbeit in der Bundesliga Ihrer Wahrnehmung nach? Mittlerweile eine große. Es gibt dazu Fachtagungen der Deutschen Fußball Liga (DFL), wo wir uns unter Kollegen dazu austauschen, einen Fördertopf (PFiFF, Anm. d. Autors) und viele hervorragende Projekte, die unter anderem auf solche Weise entstanden sind. Fans von Hertha BSC zum Beispiel haben auf den Spuren des früheren Mannschaftsarztes Hermann Horwitz eine Reise nach Auschwitz unternommen und dazu eine Ausstellung konzipiert. Es ist spannend zu verfolgen, welche Projekte angeboten werden und wie immer mehr Vereine sich engagieren, vernetzen und auch Fans einbinden.

Haben Sie über die Jahre den Eindruck, dass Ihre Arbeit einen Effekt beim BVB erzielt? Auf jeden Fall. Es gab hier beispielsweise viele Jahre keine antirassistische Faninitiative, wie es sie inzwischen gibt. Das ist kein direktes Ergebnis einer Gedenkstättenfahrt, aber unsere Arbeit führt dazu, dass sich Leute vernetzen und aktiv werden. Das hat das Gesamtklima in der Fanszene doch merklich beeinflusst.

Die Gedenkkultur ist nur ein Baustein der Antirassismus- und Antidiskriminierungsarbeit beim BVB. Welche Felder bearbeiten Sie noch? Ganz konkret gibt es fünf Bausteine, die wir versuchen, möglichst gleichmäßig zu bearbeiten. Die Grundlage von allem und erste und wichtigste Säule ist Fanarbeit, das heißt: im Dreigestirn von Fanarbeit im Verein, BVB-Fanabteilung und Fanprojekt mit Fans gemeinsam etwas zu erarbeiten, nicht Fans etwas überzustülpen. Zweitens sind interne Maßnahmen ein wichtiger Aspekt. Wir haben zum Beispiel 2016 über 1.000 Ordner geschult, um sie für rechte Symboliken zu sensibilisieren und zu vermitteln, wie man im Stadion Zivilcourage von Fans unterstützt. Dazu gehört auch die Arbeit der BVB-eigenen Stiftung.

> „Unsere Arbeit führt dazu, dass sich Leute vernetzen und aktiv werden. Das hat das Gesamtklima in der Fanszene doch merklich beeinflusst."

„Gedenkkultur": Lauf für BVB-Platzwart und Widerstandskämpfer Czerkus.

Was noch? Netzwerkarbeit. Der BVB hat Probleme mit rechter Klientel nicht allein, sondern ist auch an dieser Stelle ein Teil der Stadt als Ganzem. Also haben wir uns in Dortmund vernetzt: vom Rathaus angefangen über NGOs und sozialgesellschaftliche Initiativen. In diesem breiten Netzwerk arbeiten wir gemeinsam, auch über bereits bestehende Angebote hinaus. So haben wir etwa gemeinsam mit der DGB-Jugend und dem BVB-Lernzentrum einen Workshop zum Thema „Diskriminierung im Fußball" erarbeitet. Die vierte Säule ist die schon thematisierte Gedenkkultur, die bei uns nicht nur wegen der Gedenkstättenfahrten, sondern auch wegen unseres ehemaligen Platzwartes Heinrich Czerkus eine besondere Rolle einnimmt. Czerkus war Widerstandskämpfer und wurde am Karfreitag 1945 von den Nazis ermordet. Es gibt einen Fanklub, der sich nach ihm benannt hat. Und der führt seit 2004 jeden Karfreitag einen Gedächtnislauf vom Stadion Rote Erde zu einem Mahnmal in der Bittermark durch, wo Czerkus und andere damals ermordet wurden.

Und fünftens? Der fünfte Punkt ist PR- und Öffentlichkeitsarbeit. Wir setzen Projekte um, schaffen Inhalte und berichten dann darüber. So positioniert sich der BVB beispielsweise auch mit Statements, an die Fans anknüpfen können. Aber wir machen nichts rein Plakatives für die Öffentlichkeit, sondern immer verbunden mit inhaltlicher Arbeit. Nur so kann man unserer Meinung nach glaubwürdige Antidiskriminierungsarbeit leisten.

Seit wann und warum hat sich dieses Engagement beim BVB intensiviert?
Im September 2012 gab es auf der Südtribüne ein Solidaritäts-Spruchband gegen den damals gerade verbotenen Nationalen Widerstand Dortmund. Und im Februar 2013 wurden ein Mitarbeiter des Fanprojekts Dortmund e.V. und ein damaliger Fanbeauftragter beim Auswärtsspiel in Donezk von Neonazis angegriffen. Das waren zwei einschneidende Vorfälle, die der BVB zum Anlass genommen hat, um stärker in die Offensive zu gehen. Es gab auch zuvor schon tolle Projekte. Öffentlich wurde aber beispielsweise immer nur von „Vielfalt" und „Toleranz" gesprochen, Probleme wurden nicht klar benannt. Das hat sich danach geändert. Seit 2014 arbeiten wir

„Aber wir machen nichts rein Plakatives für die Öffentlichkeit, sondern immer verbunden mit inhaltlicher Arbeit."

mit dem oben beschriebenen Grundlagenkonzept.

Welche Gründe haben Sie dafür ausgemacht, dass sich in jüngster Zeit wieder Gruppen radikalisiert haben? Das ist eine Mischung aus vielen Gründen. Es ist wichtig, Fußballfans nicht herausgelöst aus der Gesellschaft zu betrachten, sondern als Teil dessen. So ist

„Jahrelang kein Problembewusstsein": Vernichtungslager Majdanek.

in der Diskussion um die sogenannte Flüchtlingskrise festzustellen, dass Rassismus täglich zu spüren ist. Dazu gibt es in der Stadt Dortmund ein Problem mit Neonazis. Die rechte Szene ist hier schon seit jeher stark organisiert, und somit hat auch Borussia Dortmund seit Jahrzehnten Probleme mit rechten Fans. Es gab mal eine Zeit lang einen Burgfrieden: Fußball ist Fußball, und Politik ist Politik. Solange alle Politik außen vor lassen, war das kein Thema. Darunter wurde aber auch alles Antidiskriminierende gefasst. Es gab jahrelang kein wirkliches Problembewusstsein, Vorfälle sind nicht öffentlich geworden. Das aufzubrechen und sich als Verein klar gegen Rassismus, Antisemitismus und Diskriminierung zu positionieren, war ein wichtiger Schritt.

Warum bildet Fußball eine so gute Bühne für Diskriminierung? Im Fußball gibt es ohnehin eine positive Diskriminierungsstimmung, weil man das „Wir gegen die anderen" immer vor Augen hat. Beim Fußball durfte man immer mehr sagen als im Büro oder zu Hause. Beleidigungen wie „schwule Sau" waren und sind im Fanblock akzeptierter als anderswo. Diese Gemengelage macht es für uns schwierig, weil wir nicht einfach eine Gruppe isolieren können, um dem Problem Herr zu werden.

> „Im Fußball gibt es ohnehin eine positive Diskriminierungsstimmung, weil man das ‚Wir gegen die anderen' immer vor Augen hat."

Sind Sie mit der Rückendeckung der Vereinsführung für Ihre Arbeit zufrieden? Auf jeden Fall. Unsere Themen genießen bei der Vereinsführung einen hohen Stellenwert, sie hat einige davon sogar initiiert und stets ein offenes Ohr und sorgt mit deutlichen Positionierungen etwa bei Mitgliederversammlungen für einen klaren Kurs. Wir haben auch einen guten Diskurs innerhalb des Vereins über diese Themen. Wir müssen etwa beachten, dass wir unsere Fans nicht überfrachten und Überdruss entsteht. Da gilt es, ein gutes Maß zu finden.

Welche Rolle hat denn die Saison 2016/17 für Ihre Arbeit gespielt, als es mit den Ausschreitungen gegen die Fans von RB Leipzig oder Razzien gegen Mitglieder der (inzwischen offiziell aufgelösten) Gruppierung „0231Riot" mit Festnahmen sowie Haus- und Stadionverboten diverse negative Höhepunkte gab? Uns hat die letzte Saison vor viele Herausforderungen gestellt, und es war schwierig, den tagesaktuellen Betrieb zu meistern. Dennoch muss man die Vorfälle sauber trennen. Bei den Attacken gegen Leipziger Fans ging es vor allem um Gewalt und Enthemmung. Da wurde deutlich, dass Borussia Dortmund in Teilen der Fanszene ein Gewaltproblem hat. Das erfordert eine andere Betrachtungsweise als etwa rassistische Vergehen. Natürlich haben wir darauf reagiert, haben uns intensiv über Maßnahmen ausgetauscht und werden solche Spiele in Zukunft ganz anders vorbereiten. Generell jedoch wollen wir mit unserem Grundlagenkonzept bewusst raus aus der Schleife, auf tagesaktuelle Anlässe durch Druck von außen reagieren zu müssen. Jedes Ereignis muss aufbereitet und analysiert werden, und dann muss man schauen, ob die Maßnahmen noch angemessen sind oder ob punktuell erweitert werden muss. Wir versuchen, uns nicht treiben zu lassen, sondern Vorfälle sachlich anzugehen und mit einer guten Grundlage zu bewerten.

Fans mit Gewaltproblemen beziehungsweise rassistischen Einstellungen werden eher nicht an einer Gedenkstättenfahrt teilnehmen. Ist es überhaupt möglich, an solche Gruppen heranzukommen? Es ist eine Illusion, an alle Fans heranzukommen, und ich würde solche Personen für eine Gedenkstättenfahrt auch gar nicht ansprechen. Die Gesinnung von Menschen zu ändern, ist äußerst schwierig. Das kann man versuchen, aber mit Sicherheit nicht an Orten, an denen Opfern gedacht werden. Grundsätzlich habe ich da eine sehr stringente Haltung: Wenn Straftaten begangen werden, ist das eine Sache der Strafverfolgung und nicht unsere. Nur dann, wenn diese ermittelt und verfolgt werden, gibt das auch einen entsprechenden Nachhall. Wir können natürlich präventiv mit Gruppen arbeiten, auf Gefahren hinweisen. Aber Situationen wie jene vor dem Leipzig-Spiel sind Sache der Strafverfolgung. Da geraten wir mit pädagogischer Arbeit an unsere Grenzen.

> „Situationen wie jene vor dem Leipzig-Spiel sind Sache der Strafverfolgung. Da geraten wir mit pädagogischer Arbeit an unsere Grenzen."

Wie können Sie als Fanarbeiter unterstützen, dass die Selbstreinigung auf der Südtribüne funktioniert und sich Fans aktiv gegen Neonazis und Gewalttäter stellen, oder verbreiten diese Gruppen ein Klima der Angst, das andere einschüchtert? Ich glaube, dass es ein solches Klima der Angst für manche Fans, die sich gegen Rassismus engagieren, leider tatsächlich gibt. Unsere Aufgabe ist es, das positive Netzwerk in der Fanszene zu bestärken, immer wieder Hilfestellungen zu leisten, sodass Fans daran anknüpfen können und immer wissen, dass jemand hinter ihnen steht. Das ist ein ganz zentraler Bestandteil unserer Arbeit. Dazu gehört auch, zuzuhören, Ängste ernst zu nehmen und professionell damit umzugehen. Wir arbeiten etwa mit der Opferberatung in Dortmund zusammen. So haben wir auf ganz viele Situationen Antworten und wollen durch dieses positive Netzwerk einen Klimawandel erreichen. In ganz akuten Situationen wird das in den seltensten Fällen funktionieren. Dann müsste es eine Person oder eine Gruppe geben, die sich Gewaltaktionen, Bannern oder Sprechchören entgegenstellt. Dazu muss derjenige körperlich etwas entgegenzusetzen haben und sich darauf verlassen, dass die anderen mitziehen. Das ist extrem schwierig. Die Südtribüne stellt keinesfalls eine so große Einheit dar, wie das von außen den Anschein hat. Dann der Mutige zu sein, der sich weigert, ein Banner hochzuhalten, ist schwierig und gefährlich. Es braucht eine langfristige Entwicklung, und diese unterstützen wir mit allen benannten Maßnahmen.

Wie wirksam sind aus Ihrer Sicht Haus- und Stadienverbote? All diejenigen, die jetzt Stadionverbote haben, könnten beim nächsten Spiel wieder genau da stehen, wo gegen Leipzig Flaschen und Steine geworfen wurden. Dieses Allheilmittel Stadionverbot hilft hier nicht, weil es außerhalb des Stadions passierte. Genauso ist es bei Auswärtsspielen. Diese Personen können bis zum Stadion im Zug mitfahren, und da haben wir die meisten Probleme. Im Stadion selbst haben wir größeren Einfluss, richtig Bauchschmerzen bereiten uns Vorfälle außerhalb des Stadions.

Wie bewerten Sie den Willen in der Fanszene, sich Gruppen wie der inzwischen aufgelösten „0231Riot" entgegenzustellen? Es gibt weiterhin sehr viele Fanklubs und Akteure in der Fanszene, die sich positionieren wollen. Vielleicht fällt das – insbesondere aus Gründen der Angst vor Repressionen – Gruppierungen leichter als Einzelpersonen. Wir hatten etwa im März einen Aktionsspieltag gegen Diskriminierung, an dem Homophobie und Sexismus von Fans thematisiert wurden. In solcherlei Hinsicht ist auch weiterhin viel in Planung, um die Werte der Fanszene zu stärken und das Klima zu verbessern.

Rechtsextremismus im Fußball: „Keine Einzelfälle"

**Interview mit Christian Reinhardt,
Geschäftsführer des Fußballverbandes Sachsen-Anhalt (FSA)**

„Zeichen setzen": Christian Reinhardt

Magdeburg/Gladau/Dornburg – Bis 2015 terrorisierte der rechtsextreme Klub 1. FC Ostelbien Dornburg (FCOD) die Kreisliga Jerichower Land. Gegner wurden geschlagen, Schiedsrichter bedroht, der Staatsschutz ermittelte, weil etwa 15 Vereinsmitglieder den Behörden als Rechtsextreme bekannt waren. 2015 wurde der etwa 30 Kilometer südöstlich von Magdeburg gelegene Klub von Landessportbund (LSB) und Fußballverband Sachsen-Anhalt (FSA) ausgeschlossen – ein Präzedenzfall. „Wir wollten mit dem Ausschluss ganz bewusst ein Zeichen setzen", sagt Christian Reinhardt, seit Mitte 2015 FSA-Geschäftsführer. Seit einigen Jahren geht der Verband aktiv gegen Rechtsextremismus vor, hat ein Meldesystem eingerichtet, arbeitet mit zahlreichen Organisationen zusammen und geht bei Intervention und Prävention neue Wege. Inzwischen nimmt der FSA auch beim DFB eine Vorreiterstellung in Bezug auf das Thema Rechtsextremismus im Fußball ein. Gleichwohl finden frühere Mitglieder des FCOD bei neuen Vereinen die Gelegenheit, sich mit ihrem rechten Netzwerk einzunisten.

Herr Reinhardt, der FSA hat den von Rechtsextremen gegründeten Verein 1. FC Ostelbien Dornburg Ende 2015 aus dem Verband ausgeschlossen. Was ist nach dem Ausschluss passiert?
Christian Reinhardt: Der Verein hat den Ausschluss akzeptiert. Es wird dort aktuell kein Fußball gespielt, der Verein hat keinen bespielbaren Platz mehr zur Verfügung und existiert, soweit wir wissen, aktuell nur noch im Vereinsregister.

Und die Spieler? Wenn es einen Verein nicht mehr gibt, sind die Spieler automatisch wechselberechtigt. Einige ehemalige Mitglieder des FCOD haben sich sehr schnell neue Vereine gesucht: sechs innerhalb Sachsen-Anhalts, andere in Sachsen, Brandenburg und Thüringen. Einige der bei Ostelbien verbliebenen Mitglieder haben wir im Umfeld von Dennis Wesemann, der als eine politische und gesellschaftliche Führungsfigur des Vereins galt, und seinem neuen Klub DSG Eintracht

Der 1. FC Ostelbien Dornburg existiert derzeit nur noch im Vereinsregister.

Gladau beobachtet. Nachdem er und ein anderer früherer FCOD-Spieler sich Eintracht Gladau angeschlossen hatten, war es etwa ein Jahr lang ruhig um ihn.

Was wissen Sie über die Zustände bei Eintracht Gladau, und welche konkreten Vorwürfe gibt es? Uns liegen Fotos vor, die Herrn Wesemann mit Personen in szenetypischer Kleidung zeigen. Nach einem Bericht des Mitteldeutschen Rundfunks wird er aktuell beschuldigt, Körperverletzungen begangen zu haben.

Prüfen Sie Sanktionen gegen Wesemann und Gladau? Wir haben mit Eintracht Gladau gesprochen und deutlich dargelegt, welche grundlegenden Verhaltensweisen eingehalten werden müssen, um in unserem Verband mitzuspielen. Da hat der Verein zunächst recht offen reagiert. Daher ist es nun spannend zu sehen, wie die Verantwortlichen mit den auftretenden Konflikten umgehen werden. Gladau bekommt jetzt eine Auflage im Rahmen des Projektes Menschlichkeit und Toleranz (MuT) und arbeitet gemeinsam mit dem Projekt an seinem Vereinsbild und wie sich Vereinsmitglieder darin einzufügen haben. Das ist für uns eine neue Situation, denn mit Ostelbien Dornburg war damals kein Arbeiten möglich.

Was geschieht mit Wesemann? Der Verein hat bei Wesemanns umstrittener Aufnahme festgelegt, dass sich alle Mitglieder an die Regeln halten müssen, auch er, sonst gebe es Konsequenzen. Wenn sich nun rechtlich bewahrheitet, dass er an Körperverletzungen beteiligt war, muss der Verein reagieren, um glaubwürdig zu bleiben.

EXKURS

Das MuT-Projekt – Training für Demokratie

MENSCHLICHKEIT UND
TOLERANZ IM SPORT

Ein besseres Akronym als MuT kann es für ein Projekt, das sich gegen Extremismus, Rassismus, Antisemitismus und Diskriminierung von Minderheiten im Sport einsetzt, nicht geben. MuT steht für „Menschlichkeit und Toleranz" im Sport. 2011 startete der LSB Sachsen-Anhalt das Projekt, um die demokratischen Strukturen des Sports zu stärken, rechtsextremistischen Tendenzen entgegenzuwirken und den Fair-Play-Gedanken des Sports zu fördern. Im Rahmen von MuT setzte der FSA 14 Fair-Play-Beauftragte ein, die in den Kreisen als direkte Ansprechpartner für die Vereine und Spielbeobachter sowie für Weiterbildung, Prävention und Intervention an der Basis zuständig sind. Statt Strafen zu verhängen, arbeitet der FSA zum Beispiel im Rahmen von Demokratietrainings *mit* den Vereinen mit problematischer Vereinskultur statt *gegen* sie. MuT wird im Rahmen des Bundesprogramms „Zusammenhalt durch Teilhabe" vom Bundesministerium des Innern gefördert und vom Land Sachsen-Anhalt kofinanziert.

Zwei ehrenamtliche Demokratietrainer des Landesprojektes „MuT – Menschlichkeit und Toleranz im Sport"
beim Fair-Play-Workshop im Rahmen eines Sommer-Feriencamps.

In einem MDR-Beitrag ist zu sehen, dass Eintracht Gladau von einer ganzen Schar mutmaßlicher Hooligans und Rechtsextremer begleitet wird, auch früheren Fans des FC Ostelbien-Dornburg. Wie kann das bei einem Pokalspiel auf neutralem Boden sein? Ich habe mich auch darüber geärgert, dass die Hausordnung nicht durchgesetzt wurde, aber das ist aus dem Büro heraus einfach gesagt. Anders sieht es aus, wenn dort 30 Mann vor dem Sportplatz stehen. Die meisten unserer Verantwortlichen in den Kreisen instruieren ihre Ordner, die auf diesem Niveau ehrenamtliche, freiwillige Helfer sind. Die wissen, dass kein Zuschauer mit einem Hakenkreuz auf der Kleidung eingelassen werden darf. Aber bei vielen anderen Symbolen herrscht einerseits Unkenntnis, andererseits bewegen sich Aufdrucke oft an der juristischen Grenze zur Verfassungsfeindlichkeit, und zudem sind Hausordnungen meist limitiert und zu unklar formuliert. Außerdem ist es nicht immer einfach, sich Problempublikum entgegenzustellen, wenn man selbst aus der Umgebung kommt. Ergebnis der Zusammenarbeit mit dem MuT-Projekt ist es, dass die Vereine ihre Zuschauer zukünftig im Vorfeld informieren müssen, dass niemand in szenetypischer Kleidung mit entsprechenden Symboliken erwünscht ist. Das soll die Ordner entlasten.

Sind Dornburg und Gladau Einzelfälle oder gibt es andere Fußballvereine in der Region, wo Rechtsextreme selbst Mitglieder sind, rechte Fans anziehen oder ein rechtsextremes Klima herrscht? Das muss man trennen. Ostelbien war in diesem Sinne ein Einzelfall. Dort haben rechte Akteure nicht versucht, einen bestehenden Verein zu unterwandern, um sich in die gesellschaftliche Mitte zu drängen. Sie haben vielmehr einen rechten Fußballklub gegründet. Nach einem Fußballturnier, bei dem es bereits zu Handgreiflichkeiten kam, sind die Mitglieder beispielsweise weiter in die Stadt gezogen, wo es weitere Konflikte in einer Straßenbahn und einer Diskothek gab. Insbesondere nach diesem Vorfall wurde der Öffentlichkeit klar, dass das keine Rechten sind, die ab und zu Fußball spielen, sondern dass das rechte Fußballer sind, die Fußball als Vehikel benutzen, um ihre Botschaften nach außen zu tragen. Diese Erkenntnis führte zu einem sehr umfangreichen medialen Interesse, weshalb es uns möglich war, den Verein aufgrund verbandsschädigenden Verhaltens auszuschließen.

Und darüber hinaus? Wir hatten 2010 einen Fall, als ein angesehener und höchst eifriger Jugendtrainer bei einem Klub im Süden Sachsen-Anhalts als NPD-Mitglied im Kreistag saß. Als wir dem Verein gesagt haben, dass der sofort ausgeschlossen werden müsse, haben sich Verein und Eltern dagegen gewehrt, weil das deren bester Trainer war. Er war sehr beliebt und hat daraus Nutzen gezogen für sein Amt. Die NPD war nicht verfassungswidrig und ein Ausschluss somit recht-lich nicht so einfach möglich. Es bedurfte langer Verhandlungen mit dem Verein und der Unterstützung des Innenministeriums, um diese Person auszuschließen. Wir haben uns letztlich aber mit der Vereinsführung gut verständigen können.

Der FSA hat auch beim DFB eine gewisse Vorreiterstellung bei der Bekämpfung von Rechtsextremismus im Fußball inne. Sind Sie auch über-regional im Bilde? Ich weiß von einigen Fällen in Thüringen, Brandenburg und Sachsen. Das sind also keine Einzelfälle, die man verharmlosen sollte. Das Thema ist existent. Es ist ein gesellschaftliches Phänomen, und Rechtsextreme finden sich auch in Fußballvereinen wieder. Es gab sogar das Gerücht, dass dem FCOD während des Ausschlussverfahrens eine Reihe von Freundschafts-spielen angeboten wurde, damit sie trotz der „unfairen" Behandlung durch den Landesverband weiterhin Fußball spielen könnten. Dazu kam es glücklicher-weise nicht, aber das zeigt, dass es keinesfalls Einzelfälle sind.

In anderen Verbänden – u. a. benachbarten – hat man nicht den Ein-druck, dass Rechtsextremismus im Fußball so entschieden entgegenge-treten wird wie in Sachsen-Anhalt. Wir wollten mit dem Ausschluss ganz bewusst ein Zeichen setzen. Was in Dornburg passiert ist, war ein Weckruf für uns. Das war allerdings ein langer Prozess. Wir haben ja bereits 2011 versucht, die Gründung des Vereins zu verhindern. Wir hatten damals über Tipps mitbe-kommen, dass sich ehemalige Mitglieder der früheren Hooligan-Vereinigung Blue White Street Elite in Dornburg wiedervereinigen wollten. Wir klagten damals gegen die Gründung des Vereins, sind damit aber nicht durchgekom-men. Ostelbien Dornburg hat sich dann damit schmücken können, dass die Verbände mit dieser Klage gescheitert sind. Daraufhin haben wir den Verein beobachtet und festgestellt, dass unsere Instrumente und Werkzeuge nicht aus-reichend sind – sowohl was die Intervention im Verein angeht als auch präven-tive Maßnahmen oder die Beobachtung von Spielen.

Zum Beispiel? Wir haben relativ schnell den Eindruck gewonnen, dass man im Verein immer genau mitbekam, wenn wir vor Ort waren. Wenn Vertreter des Verbandes anwesend waren, waren die Spiele jedes Mal überaus fair. Wenn wir nicht vor Ort waren, haben wir regelmäßig massive Beschwerden über unfai-res Verhalten bekommen. Das hatte jedoch fast nie Konsequenzen, weil Zeugen ihre Aussagen zurückgezogen haben und der Anwalt des Vereins häufig die von unseren ehrenamtlichen Sportrichtern gefällten Urteile aufheben ließ. Da haben wir gemerkt, dass wir uns grundsätzlich anders aufstellen müssen.

Wie? Für uns als Verband ist es neu, Netzwerke mit verschiedenen Partnern aufzubauen, um ein möglichst genaues Lagebild zu bekommen. Durch die Prozesse haben wir viele Organisationen kennengelernt, die uns vorher gar nicht als möglichen Partner gesehen haben und wir sie auch nicht. Das ist toll für unsere Arbeit. Aber das ist eigentlich kein Gebiet, auf das wir uns konzentrieren wollen. Wir würden unsere Ressourcen gern in sehr viel schönere Felder wie beispielsweise die Nachwuchsarbeit stecken. Von sechs ehemaligen Spielern des FCOD sind für uns eigentlich nur drei relevant, weil sie als Meinungsmacher auftreten. Dafür ist der Aufwand, den wir betreiben, enorm. Aber wir wenden diese Ressourcen ganz bewusst auf. Darüber hinaus haben wir eine neue Regelung eingeführt, nach der jegliche Diskriminierungsdelikte unabhängig vom Ort ihrer Entstehung immer auf der Ebene des Landessportgerichts verhandelt werden müssen. Außerdem haben wir die Anzahl an Volljuristen unter unseren Sportrichtern signifikant gesteigert.

Was haben Sie konkret unternommen? In dieser Zeit ist das MuT-Projekt ins Leben gerufen worden, in dessen Rahmen ein hauptamtlicher Mitarbeiter eingestellt wurde, der zu drei Vierteln bei uns tätig ist. In jedem unserer 14 Kreise haben wir einen Fair-Play-Beauftragten beziehungsweise einen Demokratietrainer ausgebildet, die für uns vor Ort sind und etwa Vereinsschulungen durchführen. So haben wir auch ein unabhängiges Meldesystem aufgebaut. Früher sind Vorfälle seitens der Kreise oftmals verschwiegen worden, weil man nicht als Problemkind dastehen wollte. Wo das passiert, interessiert uns aber gar nicht – wir wollen nur schnell darauf reagieren können. Die Zahl der Meldungen ist dann am Anfang rapide nach oben gegangen. Ich interpretiere das aber so, dass es nicht mehr Vorfälle gibt als früher, sondern dass es eine größere Sensibilität gibt und mehr Leute sagen: Das lasse ich mir nicht bieten, und das berichte ich auch. Das MuT-Projekt hat großen Erfolg mit den Interventionen vor Ort.

Wie genau funktioniert das? Aufgrund dieses Systems haben wir ein recht genaues Lagebild. Wir können relativ früh an Vereine herantreten und das Problem thematisieren, bevor sich diese Gruppierungen durchsetzen können. Wir können Zusammenhänge herstellen, was ein Verein vielleicht nicht kann, und beraten die Klubs im Umgang mit den Problemen. Außerdem gehen wir etwa bei Interventionen von den klassischen Sportgerichtsurteilen wie Sperren und Geldstrafen etwas ab, lieber verbinden wir das mit Auflagen, mit dem MuT-Projekt zusammenzuarbeiten. Strafen sind ja immer Aktionen *gegen* einen Verein. Da drehen wir den Spieß um und arbeiten *mit* dem Verein an den Problemen.

Statistisch gesehen ist so die Rückfälligkeit der „Täter" deutlich zurückgegangen – insbesondere bei jungen Spielern.

Gibt es Vorfälle bereits im Nachwuchs? Wir haben aktuell einen Fall in der E-Jugend. Da haben sich Mannschaften mit einem Vokabular beschimpft, das man bei Neun- und Zehnjährigen auf keinen Fall tolerieren kann. Alle Vorfälle, die in Richtung Diskriminierung gehen, werden bei uns nicht auf Kreisebene behandelt, sondern sofort dem Landesverband berichtet. Das ist auch eine Lehre aus dem Ostelbien-Fall. Gerade in den jungen Jahrgängen haben wir sehr große Erfolge und vor allem dann, wenn Multiplikatoren wie Trainer und Betreuer dabei sind. Es treten mittlerweile Vereine an uns heran, die mit dem Projekt arbeiten wollen, wenn sie Probleme in ihren Mannschaften sehen.

Bei jüngeren Spielern kommt man mit präventiven Maßnahmen noch in die Köpfe, bei Akteuren wie Dennis Wesemann wird das schwierig. Es ist für uns wichtig, gerade junge Spieler mit Sozialkompetenzen auszustatten, dass sie eben nicht auf falsche Vorbilder hereinfallen. Das ist gerade in ländlichen Regionen wie im Jerichower Land sehr schwer. Personen wie Herr Wesemann können sich nur deshalb soziale Räume erobern, weil diese durch die Parteien oder andere demokratische Organisationen schon seit einiger Zeit nicht mehr besetzt werden. Da bedarf es einer gesamtgesellschaftlichen Lösung, diese Räume müssen zurückerobert werden. Das ist meine Forderung an Parteien und andere demokratische Organisationen.

Der Ausschluss aus FSA und LSB war ein Präzedenzfall. Ist das juristische Vorgehen anderswo wiederholbar? Der Ausschluss eines Vereins ist schwierig. Es müssen zunächst belastbare Fakten vorliegen, um nachzuweisen, dass er tatsächlich gegen die Satzung verstoßen hat. Rechtsextreme Vergehen sind schwer nachzuweisen. Wir haben uns daher auf Unsportlichkeiten und verbandsschädigendes Verhalten auf und außerhalb des Platzes konzentriert. Grundlage der juristischen Strategie war, dass es in unserer Satzung einen Paragrafen gibt, der die Mitgliedschaft im Landessportbund bedingt, um bei uns Mitglied zu sein. Durch den Ausschluss aus dem LSB war der FCOD automatisch auch nicht mehr bei uns Mitglied.

Welche Perspektiven sehen Sie? Wir wissen auch, dass dieser Ausschluss eine temporäre und regionale Lösung ist – und auch nur auf den Fußball bezogen. Damit lösen wir das gesellschaftliche Problem nicht. Vor dieser Aufgabe stehen wir jetzt. Wir vernetzen uns daher aktuell innerhalb des Nordostdeutschen Fußballverbandes auch mit anderen Verbänden, wo wir mit Experten aktuelle Fälle wie den in Gladau analysieren und Maßnahmen entwickeln.

„Wer pöbelt, hat den Wert des Spiels nicht verstanden"

Interview mit Harald Lange, Professor für Sportwissenschaft an der Universität Würzburg

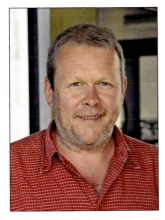

„Moralische Standards außer Kraft gesetzt": Prof. Harald Lange.

Würzburg – Professor Harald Lange, Mitbegründer des ersten deutschen Instituts für Fankultur, erklärt das Phänomen der Diskriminierung der Gegner und Minderheiten in den Fanszenen, beschreibt Entwicklungen und spricht darüber, wie sich Erziehung und Klima im Fußball verändern müssten, damit Fans und Spieler beispielsweise mit Homosexualität im Fußball umzugehen lernen.

Wieso wohnt den Fußball-Fanszenen immer auch etwas Diskriminierendes inne?

Prof. Harald Lange: Konkurrenz und Differenz sind ein Kern des Sports und des Wettbewerbs, davon lebt der Sport. Diese Aufregung und Spannung zwischen Miteinander und Gegeneinander macht einen Großteil des Reizes aus. Ohne Gegenspieler würde das gesamte Spiel schließlich nicht funktionieren. Die Gefahr ist nur, dass sich als Auswuchs dieser Differenz Diskriminierung entwickelt. Konkurrenz – von mir aus auch mal in Form derber, aber keinesfalls menschenverachtender Gesänge geäußert – sollte im Fußball während der 90 Minuten stattfinden. Wer jedoch nur pöbelt, beleidigt und den anderen verprügeln will, die Rivalität über das Spiel an sich hinaus ausdehnt und übersteigert, hat den Wert des Spiels nicht verstanden.

Wie lässt sich Diskriminierung als Auswuchs erklären? Es ist verlockend, diese Anti-Stimmung, die während des Spiels im Stadion herrscht, mitzunehmen. Das wird auch durch die gesellschaftliche, mediale und wirtschaftliche Überhöhung des Fußballs befördert. Aber das mündet dann im schlimmsten

Fall darin, dass man andere Fangruppen vor dem Stadion abpasst und verprügelt. Diskriminierung und die Rivalität über das eigentliche Spiel hinweg auszudehnen, ist eine Form von Inkompetenz.

Inwiefern? Weil man es nicht schafft, nach dem Spiel wieder umzuschalten. Doch das ist irrgeleitet, selbstbezogen, platt und widersinnig, denn wenn das Spiel vorbei ist, sollte man den Gegner wieder wertschätzen und im besten Falle zusammen an der gemeinsamen Sache arbeiten: am Fußball. Wenn ich die anderen bloß niedermache und verteufele, kann ich irgendwann gar nicht mehr gegen sie spielen, weil dann zu viel Frust in der Luft liegt. Wenn es nur noch um den Hass, um Diskriminierung, um das Drumherum geht und nicht mehr um das eigentliche Spiel, dann geht es kaputt.

Täte den Fußball-Fanszenen mehr Achtung auch vor dem Gegner gut? In vielen klassischen Kampfsportdisziplinen wie Ringen, Judo, Karate sieht man den Respekt vor dem Gegner in vielen Ritualen. Dass man sich begrüßt und die Hand gibt, auch seinen Kampfpartner achtet. Im Fußball gibt es diese Achtung durchaus, wenn man etwa Fanfreundschaften sieht. Aber ein Mindestmaß an Respekt sollte auch jenen Teams gezollt werden, die vielleicht nicht die gleichen Ideale haben wie der eigene Verein. Während der 90 Minuten darf man seine Emotionen rauslassen, da sind auch Sprüche gegen den anderen erlaubt – immer vorausgesetzt, man achtet die Würde des Gegners und anderer.

Weshalb richtet sich Support so oft gegen andere und nicht an die eigene Mannschaft? Grundsätzlich besteht guter Support aus der Unterstützung des eigenen Teams und nicht aus Beleidigungen des Gegners. Ein Prinzip des Supports ist aber auch, eine Differenz aufzumachen zwischen meiner Mannschaft und der des Rivalen. Das geht über das bloße Anfeuern schlechter als über die Abwertung des anderen. Am einfachsten lässt sich diese Differenz zeigen, wenn man plumpe und platte Beleidigungen und Verunglimpfungen äußert. So kann man die größte Kluft aufmachen. Das geht so weit, dass die gesamte Atmosphäre kaputt gemacht wird. Da werden im Fußball moralische Standards außer Kraft gesetzt, die in anderen Bereichen selbstverständlich gelten. Man greift einzelne Personen heraus und beleidigt diese über die Maßen, sodass sich der ganze Hass auf sie entlädt. Das ist ungerecht und moralisch nicht hinnehmbar.

Wie lässt es sich aus soziologischer Sicht erklären, dass Minderheiten Ziel von Schmähungen sind? Es werden Merkmale und Anhaltspunkte außerhalb des Sportiven gesucht – Herkunft, Hautfarbe, Religion, Sexualität, Vor-

„Diskriminierung nutzen, um Differenz auszudrücken":
Schmähung der Schiedsrichterin Bibiana Steinhaus durch Fans des VfB Stuttgart (2016).

geschichte –, die dazu dienen, den Gegner negativ zu stigmatisieren, um mit primitiven Mitteln die angestrebte Differenz zum gegnerischen Team zu vergrößern. Das ist eine schlechte und schwache Form der Konkurrenz. Wenn Menschen diskreditiert werden, um diese Differenz aufzuzeigen, haben wir moralisch schlechten Sport.

Welche Rolle spielt diesbezüglich die Ultrakultur? Die Ultras haben nicht nur den Support auf eine völlig neue Ebene gehoben, sondern auch die Politisierung des Fanseins und des Fußballs bewirkt. Sie haben viele Formen friedlichen und intelligenten Protests gefunden, um die Differenz zum Gegner deutlich zu machen. Das hat auch dafür gesorgt, alte Diskriminierungsformen wie Rassismus und Rechtsextremismus einzudämmen und zu verdrängen. Dafür wurden neue Feindbilder geschaffen, wie etwa diverse Verbände.

Wie modern, emanzipiert und empathisch sind Fußballfans? Warum etwa traut sich kein aktiver Profi, sich als schwul zu outen? Der erste Schritt dazu wäre, dass die Fußballprofis wieder nahbarer werden und nicht nur durch smarte, von PR-Agenturen aufgemotzte Beiträge in den sozialen Netzwerken etwas von sich preisgeben. Wenn Fans die Spieler als heterogene Persönlichkeiten und nicht nur als uniforme Profi-Stereotype kennenlernen würden, bestünde auch eine größere Wahrscheinlichkeit, dass etwa ein homosexueller Spieler akzeptiert würde. Wenn also die Fußballer von den Vereinen und Verbänden nicht als Kunstprodukte in einer heilen Werbewelt inszeniert werden würden, sondern als Typen mit Charakter, Meinung, Erfahrungen und Unterschieden.

Dann wäre es denkbar, dass sich ein aktiver schwuler Fußballer outet? Im Spitzenfußball in der Bundesliga kann ich mir sogar vorstellen, dass das auch heute schon möglich wäre – zumindest hinsichtlich der Reaktionen eines Großteils der Fans. Natürlich würde es auch hier wieder welche geben, die das

für Diskriminierung nutzen, um ihre Differenz auszudrücken. Doch die Bedin
gungen sind heute deutlich besser als vor zehn Jahren. Damals wäre das noch
undenkbar gewesen. Natürlich würde derjenige so viel mediale Aufmerksamkeit auf sich ziehen, dass er dadurch beeinträchtigt wäre.

Im Breitensport ist das anders? In den Nachwuchsteams und im Amateurfußball, in den Phasen einer Karriere, in der man nach vorn kommen will,
sehe ich das größere Problem. Da, wo man auf seine Mitspieler, Trainer und Ver-
antwortliche angewiesen ist, um sich im Fußball durchzusetzen, fürchten viele,
durch diese gefühlte Abnormität abgehängt zu werden. Hier müssten Eltern,
Trainer, Vereine, Verbände ansetzen, um Spielern zu mehr Selbstvertrauen, Mut
und Persönlichkeit zu verhelfen.

*Zur Person: Univ.-Prof. Dr. Harald Lange, Jahrgang 1968, ist seit 2009 Professor für
Sportwissenschaft an der Universität Würzburg, Gründer des Instituts für Fankultur und Dozent für Sportpädagogik an der Trainerakademie des DOSB in Köln.*

Zwischen Erfolg und Verfolgung
Jüdische Stars im deutschen Sport bis 1933 und danach

Ausstellung am
Platz der Deutschen
Einheit
Dortmund
10.10.–19.11.2017

Aktuelle Ausstellungsorte finden Sie online: www.juedische-sportstars.de

Förderer:

DFB-
KULTURSTIFTUNG

STIFTUNG
ERINNERUNG
VERANTWORTUNG
ZUKUNFT

Die Beauftragte der Bundesregierung
für Kultur und Medien

Veranstalter:

Stadt Dortmund
Kulturbetriebe

DEUTSCHES
FUSSBALL
MUSEUM

Zentrum deutsche
Sportgeschichte
Berlin-Brandenburg e.V.